ALBERTO SÁNCHEZ LEÓN

EL PINCEL DE LA PALABRA

Viaje al corazón de la persona

EDICIONES UNIVERSIDAD DE NAVARRA, S.A.
PAMPLONA

Serie: Filosofía

Cupón para la Biblioteca Virtual

Accede a la versión eBook de este título por solo **1,99 €**. Con la compra de este libro puedes utilizar el siguiente cupón para la lectura en *streaming** desde la Biblioteca Virtual. **Sigue estas instrucciones** para visualizar tu libro:

1. Dirígete a la web de la Biblioteca Virtual en **https://ebooks.EUNSA.es**.

2. En la web ve a **Iniciar sesión** e introduce tu email y contraseña. Si no estás registrado, deberás completar el proceso en **Registrarse**.

3. Tras registrarte, accede a la página del libro o lee el QR de esta página. Bajo el precio podrás **insertar el código oculto en el siguiente cupón** para activar la promoción.

Despegue para visualizar

Acceso directo al eBook

Canjéalo en ebooks.EUNSA.es

*Con acceso a internet desde cualquier navegador.

© 2024. Alberto Sánchez León
Ediciones Universidad de Navarra, S.A. (EUNSA)
Campus Universitario • Universidad de Navarra • 31009 Pamplona • España
+34 948 25 68 50 • www.EUNSA.es • EUNSA@EUNSA.es

ISBN: 978-84-313-3996-8
DL NA 79-2025

Imagen de la portada
Álvaro Sánchez León

Imprime: Podiprint
Printed in Spain – Impreso en España

Sumario

Prólogo

El mundo es hechura divina. Dios hace el mundo, lo crea con su palabra. Me gusta pensar que ésta fue una palabra cantada, aunque no lo sabemos con certeza. En todo caso, esa palabra crea, comunica el ser. En el hombre, la palabra comunica, pero no comunica el ser, no lo otorga ni lo crea. Sin embargo, sí expresa. Cada vez que alguien habla, se expresa, revela algo de sí mismo: sus deseos, afectos, afanes, proyectos, pensamientos, ideas, intenciones... su mundo interior. La palabra tiene el poder de expresar, y lo que expresa es casi todo, porque todo se decide en el interior del hombre. Cuando alguien es inexpresivo, de alguna manera se deshumaniza.

En el principio existía el Verbo, y el Verbo estaba junto a Dios, y el Verbo era Dios. Él estaba en el principio junto a Dios. Todo fue hecho por Él y sin Él no se hizo nada de cuanto ha sido hecho. En Él estaba la vida, y la vida era la luz de los hombres. Era la luz verdadera, que ilumina a todo hombre, que viene a este mundo. En el mundo estaba, y el mundo fue hecho por Él, y el mundo no le conoció. Vino a los suyos, y los suyos no le recibieron. Pero a cuantos le recibieron les dio poder para ser hijos de Dios, a los que creen en su nombre, que no han nacido de la sangre, ni de la voluntad de la carne, ni del querer del hombre, sino de Dios. Y el Verbo se hizo carne, y habitó entre nosotros, y hemos visto su gloria, gloria como de Unigénito del Padre, lleno de gracia y de verdad. A Dios nadie lo ha visto jamás; el Dios Unigénito, el que está en el seno del Padre, él mismo lo dio a conocer (Jn, 1, 18).

En el principio fue la palabra, el verbo. La creación es una gran obra. La naturaleza y el arte acontecen en la palabra del Creador. El pincel del Artista es la palabra.

En el interior del hombre sigue morando de alguna manera el sello del Artista, como una especie de artista en minúsculas. Con ese artista en nosotros vamos coloreando nuestra vida. Sin embargo, para tal labor, el artista necesita un pincel. Quien no da color a la vida, de alguna manera, la apaga. El alma mezquina lleva en sí su propio infierno, decía G. Herbert, y no le faltaba razón, pues el mezquino no sabe colorear: se ha conformado con la silueta de la realidad, no con la realidad.

Con este ensayo, escrito quizás con una aparente falta de ilación, quiero gritar en los oídos del lector el silencio elocuente de la palabra interior, esa que colorea la imagen de quienes pretendemos ser. Porque palabra e imagen no compiten, se enriquecen, se llaman a la existencia una a la otra. San Agustín describía el *logos* –la palabra– como el arte de Dios.

Pretendo, en él, reflexionar sobre algo que se está perdiendo (la palabra) y algo que se está imponiendo (la imagen). La impostura de la imagen no está dejando lugar a la palabra y, cuando esto sucede, el hombre se despersonaliza, se queda sin rostro. Cuando la palabra se pierde, el hombre no puede explicarse a sí mismo. Perder la palabra es, de algún modo, avivar la infidelidad; ganarla, recuperarla, es redimir al hombre. Este es el sentido de estas reflexiones.

Por lo tanto, la imagen es necesaria. No en vano el hombre es imagen de la palabra, y esto, en primer lugar, tiene un sentido filosófico, y, a la vez, un sentido teológico. Podemos entrever algo de lo que somos, pero nunca abarcaremos enteramente lo que somos. En esto precisamente radica lo infinito que hay en el hombre. Me atrevo, por tanto, a decir que el hombre está continuamente buscándose a sí mismo: se trata de un buscar que no cesa, que no tiene término. Somos buscadores por esencia, y casi siempre la búsqueda se queda en un barrunto. Nuestro pensamiento acerca de quiénes somos es un atisbar, pero no por ello pierde valor. Atisbar, acercarse a la verdad, a nuestra verdad, barruntar quiénes somos, es justamente lo que nos hace más humanos. Y aquí comparece el *logos*. El *logos* es búsqueda, pero no *alcanza,* mientras sea *logos,* quiénes somos.

En la dimensión horizontal de la vida, es decir, en una vida estrictamente humana donde no acontece el ámbito de lo divino, o sea, donde no irrumpe la trascendencia, el hombre no puede explicarse a sí mismo. Sólo desde la perspectiva vertical, sólo cuando el rayo ilumina la oscuridad de lo que el hombre es, entonces puede el hombre verse tal cual es. Pero ese rayo, esa luz, no viene de nosotros. Es el otro, el Otro en mayúsculas el que nos hace explicarnos, darnos un sentido. Únicamente la dimensión vertical –la trascendencia–, irrumpiendo en la horizontalidad de nuestro mundo, de nuestro intra-cosmos, puede otorgar sentido a la totalidad de lo que somos.

Por último, cabe señalar que en este libro se recopilan artículos previamente publicados en diversas revistas académicas, los cuales han sido cuidadosamente editados y adaptados para su presentación en este volumen. Cada texto ha sido revisado con el propósito de ofrecer una lectura fluida y accesible, respetando la profundidad del análisis original, pero ajustándolo para integrarse de manera coherente en el conjunto de ideas que aquí se presentan.

Capítulo I
Volver a la palabra

El recorrido hacia el conocimiento suele iniciarse con inquietudes intelectuales que nos invitan a cuestionar lo que creemos saber. Para adentrarnos en la Filosofía es preciso saber antes que no somos nosotros quienes la escogemos, sino que es ella la que nos escoge a nosotros.

La Filosofía requiere una conquista por parte de quien se admira, de quien se interesa (*inter-esse*, estar entre, en medio de, el que se mete dentro, se introduce) en lo fundamental. Lo mismo sucede con el enamoramiento. El hombre que se enamora lo hace porque se ha admirado ante la belleza de lo que para él es lo primero. Por eso decíamos que nadie escoge a la Filosofía, sino que ella llama a aquellos que buscan la belleza, el bien y la verdad, realidades que sólo son posibles en la esfera de lo que es.

Quien pretenda conocer todo no puede ser filósofo (como les sucedió a los sofistas, aquellos que pretendían ser sabios en vez de amar la sabiduría). El auténtico filósofo es aquel que sólo se aproxima y sabe que sólo se aproxima, es el que vislumbra aquello a lo que el vulgo se ha acostumbrado. Filósofo es aquél que comienza a ver la realidad como novedad. Quien se acostumbra a lo real, a lo que tiene ya al alcance, no puede ser auténtico filósofo. Por eso se podría describir al loco como aquél que tiene una respuesta para todo. En cambio, el filósofo abre las puertas al misterio[1] y penetra en él, y aunque vive en él, no se conforma nunca.

La realidad observada por el vulgo y por el filósofo no cambia. No hay, pues, diferencia. Sin embargo, mientras que el vulgo sólo la observa, el filósofo también la escucha. La vulgaridad, decía M. Creighton, es una inepta concepción del arte de vivir. El filósofo escucha la voz del ser, que es verdadera, y si la secunda se topa con el bien, que es siempre bello porque se hace amable.

Escuchar la voz del ser es pues la primera tarea del filósofo, y a ella van dedicadas estas líneas, que son introductorias y sirven como prolegómenos para una fenomenología de la audición.

1. Palabra e imagen

«La palabra resalta sobre la visión»[2].

En esta cultura de la imagen en la que estamos insertos cobra especial relevancia el ser visto. Cuando reducimos nuestro conoci-

---

1. Es muy significativo el pensamiento de Pável Florenski respecto al misterio: "Quiero que este fundamental sentimiento mío del mundo os quede claro hijos míos. Para mí, todo consistía en conocer el mundo en la vida, en las relaciones y en los movimientos que efectivamente existían. El hecho de que en el mundo existiese lo incógnito no era, tal como yo lo entendía, una condición transitoria de mi mente que aún no había conocido todo, sino una peculiaridad sustancial del mundo. Lo ignoto es la vida del mundo. De ahí mi deseo de conocer el mundo justamente en cuanto incógnito, sin violar su misterio, sino espiándolo. Y el símbolo era espiar el misterio. Porque desde los símbolos no se oculta el misterio del mundo, sino que se revela en su verdadera sustancia. Es decir, en cuanto misterio". Florenski, P., Ai miei figli. Memorie di giorni passati, edición de N. Valentini y L. Žak, A Mondadori, Milano 2003, p. 206.

2. LÉVINAS, E, *Totalidad e infinito. Ensayo sobre la exterioridad*, Ediciones Sígueme, Salamanca, 1995, p. 208.

miento sensible al conocimiento visual, ocurre una paradoja: nos cegamos, pues ya no miramos hacia el horizonte, sino que miramos sólo por medio de un único reducto. De este modo, se recupera el principio de Berkeley: *esse est percipere et percipi (ser es percibir y ser percibido)* y así, la realidad no depende de sí misma, sino del sujeto, y en concreto, del querer del sujeto, de la posición de los ojos del que ve. Este tipo de conocimiento es pasivo (no receptivo). Las imágenes (*eikasia*)[3] piden ser vistas. Parece que sólo agrada lo que se puede ver, pues es lo único que parece hacer sentir. Y ¿qué es aquello que solemos ver? Cada uno ve lo que quiere ver[4]. Por eso huimos del dolor (de lo desagradable), huimos de aquello que, además de ser visto, nos puede llamar, nos puede comprometer: huimos, en el fondo, de nuestra conciencia misma, es decir, de lo que es verdadero y reclama una respuesta que no queremos dar.

Las imágenes nos gritan por todos lados. Sólo sentimos con aquello que nos interesa ver, pero hemos desterrado la conmoción y la sorpresa. Parece que ya no nos conmueve nada fuera de las imágenes. Una música, si no la vemos en un videoclip, no nos atrae. La realidad que nos estamos construyendo necesita de la imagen, pues si no –pensamos– no nos llena, no nos interpela. Y es que el peligro consiste en ir dejando poco a poco –o mucho a mucho– la importancia del ser escuchado. Frente a los gritos del ser visto, el ser escuchado pierde su valor, un valor inconmensurable que no podemos devaluar.

El arte nos dice muchas cosas sobre el hombre. No podemos ver el arte únicamente como una manifestación directa del ser visto. El ser visto en el arte nos envía muchos mensajes acerca de quién es el hombre, cuál es su historia, etc. Bien es cierto que el

---

3. De esta palabra, *eikasia*, proviene el término *icono* (imagen).
4. Cfr., PERLADO, J. J., *El ojo y la palabra*, Eiunsa, Madrid, 2003, pp. 52-57.

arte, la belleza, nos dice, atrae nuestra mirada, pero la mirada a la belleza nos debe llevar al bien. De esta manera, una estética que no guíe hacia la ética quedaría coja y sin proyecto. La estética depende de la ética[5], y en cierta manera, también de la metafísica[6].

La imagen creada es medial, signo instrumental: «La imagen que es el hombre dice relación a esa Forma simple, Forma de las formas, que es el Logos divino. La imagen siempre será signo de su Ejemplar, en definitiva, signo del Logos»[7].

Frente a una cultura donde prima lo visual (una cultura de la imagen y del simulacro) debemos afinar más el oído y cultivar el arte del saber escuchar, *uno de los actos más libres del ser humano*[8]. Y lo que se escucha cuando afinamos es la voz del ser, una voz sutil que despierta en nosotros un deseo de verdad, un deseo de bondad y un deseo de contemplar la belleza de nuestro mundo.

5. Cf. Ruiz Retegui, A., *Pulchrum*, Rialp, Madrid, 1998, pp. 24-27 y p. 173.

6. «El embarazo que sentimos al dar testimonio de lo poético, de la entrada a nuestras vidas del misterio de la otredad en el arte y en la música, es metafísico-religioso». Steiner, G., *Presencias reales*, Ensayos/Destino, Barcelona, 1991, p. 218. Por otra parte son muy relevantes las palabras de Leonardo Polo acerca del origen del arte: «¿Cuánto tardó nuestra especie en darse cuenta de que es inteligente? Seguramente un vestigio de este caer en la cuenta es la aparición del arte, que añade a la pura utilidad instrumental algún rasgo del propio espíritu captable simbólicamente. Y a nota de pie de página, suscribe: El carácter sapiencial del arte se apoya en su orientación a la belleza, disposición que no se da en la magia, que es escuetamente práctica». Polo, L., *Epistemología, creación y divinidad*, EUNSA, 2014, p. 44.

7. Ramos, A., *Verbo interior y Verbo divino*, en *Verbo de Dios y palabras humanas*, en el XVI centenario de la conversión cristiana de San Agustín. Edición dirigida por Marcelo Merino, EUNSA, Universidad de Navarra, 1988, p. 229.

8. Cf. Melendo, M., *La escucha*, Desclée de Brouwer, Bilbao, 2001, p. 21.

2. La voz del ser

La voz del ser es aquella que nos habla desde arriba y nos reclama. Al ser una voz invisible es, por tanto, superior, más perfecta, ya que lo visible posee materia, y ésta, tiempo e imperfección. No cabe aquí un idealismo de ningún tipo, pues de esta concepción se sigue que el hombre tiende a obedecer a la realidad, pues ésta dicta –sin ser una dictatorial– una conducta, una determinada ética. Por ello, se podría decir también que la voz del ser es una voz del valor. La voz del ser incita a su realización. Es el ser quien crea realidades. El ser está de continuo llamando a una tarea que se nombra en términos de conquista, y aquello que se conquista es justamente lo que somos. Si el ser no nos llamara ya seríamos perfectos: no habría movimiento, ni tampoco conquista alguna. Por eso, toda vocación supone nuestra finitud, pero una finitud capaz del Infinito[9].

La conquista de nuestra libertad se da, paradójicamente, cuando obedecemos, esto es, cuando seguimos esa llamada. Taparse los oídos es negar nuestra felicidad. Por eso es muy importante que nuestros oídos estén bien atentos para que no haya algo que dificulte el mensaje del ser.

Dicha voz no es agorera. Está dispuesta a ser rechazada, está dispuesta a quedarse en el vacío, pues para ella prima más la libertad que la consecución a una voz sin libertad. Por eso, la voz cuida mucho el respeto, nunca se impone, no quiere demostraciones,

---

9. Aquí entiendo la vocación del hombre como la entendió Mounier, es decir, «la de ser una Persona en situación de comprometerse libre y responsablemente y capaz de vivir una vida espiritual». *Mounier en Sprit*, Mounier, Caparrós editores, Madrid 1997. Traducción de Antonio Ruiz (Nuestro humanismo. Declaración colectiva. Octubre de 1935), p. 18.

sólo se muestra, se insinúa. Se trata de una voz que no conoce el
grito, el ruido y la murmuración. Ahora bien, que no se imponga
no significa que no reincida, y reincide por su bondad. «La palabra
da una forma al llamado, a la voz, al deseo, a nuestra entrada en
la existencia. La confesión es primeramente un reconocimiento
porque es un acto de abandono por la palabra a la Palabra. De Só-
crates a San Agustín y hasta Freud, hay una revolución continua
para hacer de la palabra dada, confesada, de lo íntimo en suma, el
lugar de la verdad del ser. De su puesta a prueba»[10].

Es una voz que se insinúa de mil modos diferentes hasta que
nos hace descubrirla y secundarla. Las resistencias –el cubrirse los
oídos– de los que no quieren ver ni oír son manifestaciones de la
dificultad que encierra el mensaje del ser[11]. Los gritos y las mur-
muraciones no suelen tener ningún mensaje que valga la pena.
Son voces agoreras.

Hay tres tipos de voces con valiosa resonancia: la voz hablada
(*verum*), la voz contada (*bonum*) y la voz cantada (*pulchrum*). En
la primera el mensaje se descubre de un modo directo y sin trabas.
Ante la voz hablada, la libertad solo puede aceptar[12] o rechazar: o
se acoge esta voz o se hace oídos sordos. No hay una respuesta am-
bigua ante este tipo de voz, pues la nitidez con la que se presenta es
tan majestuosa que o se acoge el mensaje y se hace suyo, o se niega.

---

10. Dufourmantelle, A., *Elogio del riesgo*, Paradiso editores, México
2020, p. 126.

11. J. Guitton decía que uno cree en Dios porque cuesta (cf. *Mi testamento filosófico*, Encuentro, 1998, p. 27). Me parece uno de los mejores argu-
mentos para una ética. De hecho, lo que más cuesta es lo más caro: los valores,
e incluso hay valores que cuestan tanto que no pueden tener precio ninguno (la
libertad, la dignidad…).

12. Reinach, A. «(…) la esencia del conocer estriba en un aceptar, en un
recibir y hacer propio algo que se ofrece. A esta esencia es a la que tenemos que
acercarnos, esta esencia es lo que tenemos que investigar; pero no nos es lícito im-
putarle algo que le sea ajeno». *Introducción a la fenomenología*, Encuentro, p. 66.

La respuesta sería o un «sí quiero» o un «no quiero». No cabe pues un término medio. La segunda voz, la contada, es una voz pedagógica, es la voz que indica, señala: enseña. Y enseña narrando. La voz contada cuenta. Cuenta cuentos, fábulas, historias. No importa tanto su literalidad, sino el mensaje mismo, su contenido, su logos.

La tercera voz, la cantada la podríamos describir como lo hace Dietrich von Hildebrand en su pequeña obra acerca de la gratitud:

(...) la expresión de una afectividad que desborda, a la que se refiere San Agustín con las palabras cantare amantis est. La nueva solemnidad que posee la palabra cantada frente a la hablada, que es una nota sublime, despojada de su vertiente pragmática, nacida de la tendencia a expresarse no sólo del carácter dinámico (...), sino también de la realidad total peculiar que está completando razonablemente la parte de algo profundamente interior que sale al exterior extendiéndose hasta lo corporal frente a las tomas de conciencia hondamente íntimas y frente a las respuestas a los valores que no llegan a manifestarse. También desempeña aquí un papel la diferencia entre la objetivación específica que representa lo expresado por palabras y el gesto de nuestra alma, de nuestro corazón, no verbalizado[13].

Sobre la voz cantada bien nos podría decir Shakespeare que es aquella voz por la que uno se siente *encantado*, embrujado de alguna manera[14]. En esta línea, la agudeza intuitiva de Claude Lévi-Strauss le llevó a afirmar que *la invención de la melodía es el supremo misterio del hombre.*

---

13. HILDEBRAND, DIETRICH VON, *La gratitud*, Encuentro, Madrid, 2000, p. 20.
14. «Me cautiva su voz, y, no obstante, sé bien que la música tiene acentos más encantadores...». SHAKESPEARE, W. Obras completas, II., Aguilar, p. 1172. Soneto CXXX.

La voz del ser marca una exigencia. La verdad, el bien y la belleza no son algo fácil. La verdad compromete. El bien, aunque siempre valga la pena, es arduo. La belleza no está siempre tan al alcance... Son exigentes. Decir lo contrario sería devaluar la voz del ser, quitarle peso, importancia, relevancia. Eso que nos dice el *logos* a modo de exigencia nos hace mejores. El *logos* dirige; es una voz directiva[15] que al modo de una brújula, nos guía y nos marca unas pautas a seguir, unas normas (*nomos*): las normas morales[16].

Por eso decimos que el *bonum-pulchrum* sigue al *verum*, y el *verum* al *esse* (*operari sequitur esse*), pues esas normas requieren un legislador que las haya pensado y las haya dictado. Y las dicta precisamente para darles plenitud. La voz del ser, que llama desde arriba, exige ser realizada, exige ser oída, exige ser atendida. Pero en esa exigencia comparece la libertad. Me decido por la verdad; apuesto por lo bueno; contemplo lo bello. Decidir, apostar (jugársela) y contemplar son modos de libertad. Y así tomamos una toma de postura ante la vida. «Creado por el milagro de la palabra, sobrecogido por el milagro de la palabra, así vive el hombre»[17].

En una sociedad donde rige el ruido, las prisas, los gritos o las voces agoreras, y donde es protagonista la confusión es muy difícil que la voz se escuche con nitidez, y, por ende, es ardua la realización del mensaje que se nos envía. Por eso, cuando se impone el ruido, también se impone la propia voz del hombre que intenta sustituir la voz del ser. Este es realmente el origen de la tragedia: la irreverencia que supone la muerte de Dios por la autoafirmación del hombre como medida de todas las cosas. Volver a la palabra

---

15. A este logos directivo lo llamaba san Agustín el «*Arte de Dios*». *Verbum perfectum... et ars quaedam omnipotentis atque sapientis Dei, plena omnium rationum viventium incommutabilium. De Trinitate*, 6, 10.

16. También hay una razón que resulta obvia, y es que es propio mandar con voz, y por tanto, al que escucha le queda la obediencia, la libertad.

17. EBNER, F., *Das Wort ist der Weg*, Herder, Viena 1949.

es volver a la reverencia como principal actitud para acoger la voz del ser. De lo contrario sucedería lo que anticipa Heidegger con estas palabras: «A sus oídos sólo llega el ruido de los aparatos que, casi, tienen por la voz de Dios. Así el hombre se dispersa y pierde su camino (…) Lo sencillo se ha evadido»[18]. Buscar el silencio[19] no es fácil. El silencio hace posible la escucha. Y aquí se encuentra la paradoja. En una sociedad donde el fin parece confundirse con una vida cómoda, en esa sociedad la voz del ser también está molesta. Una voz molesta y una sociedad hedonista imposibilitan la llegada del mensaje. En esta sociedad donde la razón brilla por su ausencia —o quizás brilla por su tecnificación exacerbada— el mensaje no puede llegar, o, por lo menos, no llega a tiempo porque no se le ha oído bien desde el princi-

18. HEIDEGGER, M., *Camino de campo*. Traducción de Carlota Rubies. Herder, 2003, p. 37.

19. HILDEBRAND, DIETRICH VON, *Actitudes morales fundamentales*, Palabra, Madrid 2003, pp. 21-22: «La persona irreverente nunca puede albergar el silencio en su interior. (…) Se aproxima a todo de una manera impropia y con una falta de tacto tal que se observa sólo a sí misma, se escucha sólo a sí misma, y se desentiende del resto. No mantiene una distancia reverente con el mundo». De esta manera el silencio guarda una estrecha relación con el recogimiento, esto es —en palabras de R. Guardini—, con un *aunarse*, un alcanzar la *unidad interior*, donde se busca la evasión de toda disipación. Cf. *Introducción a la vida de oración*, p 38 y ss. Palabra, Madrid 2001. También lo dice con otras palabras en su *Briefe über Selbstbildung* (Cartas de autoformación) GUARDINI, R., p. 25, que «el silencio nos enseña a hablar rectamente». El silencio del que se habla también hace referencia al silencio del quien crea en su interior el estado de *gracia intelectual* del que habla Sertillanges: «¿Queréis hacer obra intelectual? Empezad por crear dentro de vosotros un zona de silencio, un hábito de recogimiento, una voluntad de desprendimiento, de desapego, que os haga disponibles por entero para la obra; adquirís ese estado de ánimo, libre del peso del deseo y de la propia voluntad, que constituye el estado de gracia del intelectual. Sin ello, no haréis nada o, al menos, nada que valga la pena». SERTILLANGES, A.- D., *La vida intelectual*, Encuentro, Madrid, 2003, p. 6.

pio[20]. Parece que, para encontrarse con el silencio, hay que salirse del mundo. Sin embargo, la fuerza del silencio es redentora. «El silencio agudiza la atención hacia el orden superior, que no tiene por qué ser un orden de dominación y poder. El silencio puede ser muy pacífico, incluso amistoso y profundamente gratificante. Es cierto que un poder dominante puede imponer el silencio a los sometidos. Pero el callar forzado no es silencio. En el verdadero silencio no hay coacción. No es opresivo, sino elevador. No roba, sino que regala»[21]. Parafraseando y haciendo mío el pensamiento de Han, lo sagrado está ligado al silencio, pero vivimos en un tiempo sin consagración, irreverente, pues escuchar es la actitud más religiosa por excelencia. El yo ruidoso, cargado de información se despersonifica, se aísla, se queda sin mundo, siendo cosa que co-existe con las no-cosas –al fin y al cabo. Sin embargo, es el silencio contemplativo el que redime, restaura, renueva, se sorprende no de los estímulos pasajeros, sino de lo bello y eterno. El silencio nos hace mejores porque nos saca de sí.

3. Obediencia: sí, obediencia

La voz del ser no es nuestra voz, no somos nosotros mismos. De lo contrario, no habría *dia-logo* sino *mono-logo*. Cuando la voz habla y la persona está atenta se inicia un diálogo maravilloso,

---

20. Es una sociedad donde la tradición no cuenta, no es válida. Es una sociedad que ha perdido la memoria, se ha quedado sin historia y con un culto diabólico hacia lo nuevo confundido con lo prohibido, con lo que nunca se ha hecho, con lo extraordinario. ¡Qué atracción tan cegadora tiene para el hombre el poder de lo extraordinario! ¡Qué daño hace, además, no cuando lo extraordinario acontece, sino sobre todo, cuando se busca!

21. HAN, BYUNG-CHUL, *No-cosas. Quiebras del mundo de hoy*. Madrid, Taurus, 2021.

donde se implican la inteligencia, la voluntad y el corazón. Ante ese diálogo donde se nos manifiesta el fin, el hombre debe dar una respuesta. Y la respuesta, si quiere ser una respuesta verdadera, debe ser, a la vez, responsable, libre, racional y afectuosa. Al comienzo del encuentro, el hombre se conmueve. La conmoción es como una paralización que provoca reflexión. Si no hay conmoción, la respuesta será poco reflexiva y, por tanto, poco razonable; será más bien una respuesta no deliberada, y, por ello, poco libre y poco responsable. Una respuesta irresponsable no es, en esencia, ni buena ni verdadera respuesta.

En el diálogo se manifiestan dos seres y, por tanto, dos inteligencias. La inteligencia que escucha (ésta bien podría ser una definición auténtica de persona) tiene que estar especialmente atenta, esto es, contemplando. Una inteligencia que escucha es un ser contemplativo. Ahora bien, un *logos* no atento solo puede dar respuestas precipitadas y efímeras. La actitud contemplativa no es una actitud pasiva, pues ella misma está en actitud, en actividad, y la actitud, por su misma índole, exige un mínimo de actividad.

En un diálogo donde intervienen dos inteligencias es lógico que una de ellas sea más capaz que la otra. La menos capaz debe someterse libremente a la otra, pues ésta es directriz para aquella. El tema del diálogo no es otro que el de la vida misma, y, en concreto, el de la vida buena.

Ante un asunto tan lleno, tan dinámico y repleto de proyectos no cabe la distracción del que escucha. La distracción es enemiga de la unidad y cómplice del aislamiento, de la negación. La distracción ante la voz del ser es amiga de las almas mediocres y vulgares. Sin embargo, la inteligencia que acoge –unifica– quiere aquello que acoge, y, en ese momento nace el compromiso, que es, en definitiva, la unidad de dos voluntades. Pues bien, dicho compromiso consiste en «dar la palabra» (*dare verbum*), prometer-con, y esto nos lleva a hablar de lealtad y fidelidad a aquello que la voz del ser nos dice con su palabra[22]. El compromiso es el querer operativo, el querer lo que la inteligencia más capaz dicta, y quererlo con mi propio hacer, esto es, con obras. Se corrobora de nuevo el viejo adagio medieval: *operari sequitur esse*. Y dicho con otras palabras: el compromiso conlleva y ratifica mi libertad. De modo que un compromiso sin libertad es un sometimiento ciego hacia algo que no se ve con claridad. El compromiso radica, en último término, en empatizar mi ser con el emisor de aquella voz sutil, perfeccionadora y libre que no es otra que el ser.

La fidelidad a la voz del ser es una tarea a conquistar. Pero fidelidad no significa mantenerse; no es algo estático, no es aguantar sin más. La fidelidad debe estar continuamente perfeccionándose, lográndose, pues la fidelidad es la perfección en el amor, el *milagro profano*, como la ha denominado Grimaldi y, citado Alejandro Llano en su obra *La vida lograda*[23].

---

22. De este modo la palabra es la herramienta que cura (como propone Víktor Frankl con la *logoterapia*). La palabra salva, redime, pues ella reafirma el sentido de mis convicciones y me desata de las convenciones. La palabra resuena en cuanto mayor sentido (fin, significado) contenga. Pues bien, esa resonancia de la palabra que reverbera de continuo es el mensaje. Por eso, el mismo mensaje es inamovible, válido para cada uno siempre, pues se envía y resuena, incide en todas las épocas y a todas las generaciones. La palabra, si es verdadera, es fecunda, deja impronta en el alma.

Cuando se ve y se escucha el sentido, cuando se acoge la voz del ser, ambos *logos* se confunden en un sólo querer, y, por tanto, en un sólo actuar, porque ya sólo queda una dirección: lo bueno. Y lo bueno es, según BRENTANO, F., «lo que sea amable con amor justo, lo digno de ser amado (...) en el más amplio sentido de la palabra». *El origen del conocimiento moral*, 1989, p.30.

23. Cf., LLANO, A., *La vida lograda*, Ariel, Barcelona, 2002, pp. 188-191.

4. El sujeto de la voz

Es totalmente lícita la pregunta[24] por el sujeto de la voz. Para Heidegger, por el contrario, dicha pregunta sería un absurdo metafísico (sería algo *antimetafísico*)[25]. Preguntarse por el sujeto de la voz es preguntarse por el portador de sentido y, a la vez, por el «gran divulgador». Es pues una pregunta pertinente.

Es indudable que la voz que se nos envía, es una voz –palabra– que contiene un *logos*. Y un *logos* que delata a una inteligencia, esto es, a un ser con inteligencia y con palabra. Un ser que habla es un ser personal.

El sujeto de la voz es, pues, persona. No cabe un *logos* que no se comunique, pues un ser que queda incomunicado ha roto con su propia esencia personal. Lo característico de un ser que habla, de una persona, es que es un ser-con-otros. De esta manera, el lenguaje funda la negación a todo tipo de solipsismo[26].

El *logos* expresado en la voz del ser es verbo, palabra. Se trata pues del verbo más lleno de sentido (y no como pensaba Hegel), que no es género y ni mucho menos especie. Dicho verbo es ser. El *logos* expresado es ser dicho, ser diciente, ser sido y ser siendo. Ser

---

24. Sobre este tema, Cardona hace una reflexión, a mi modo de ver, digna de mención: «Ciertamente todo "preguntar por…" es de algún modo "preguntar a…". Si hay alguien capaz de preguntar eso, tiene que haber alguien capaz de responderlo, alguien (no ya algo) responsable, que pueda responder del ser del ente, responsablemente». CARDONA, C., *Olvido y memoria del ser*, EUNSA, p. 25.

25. La pregunta por el ser es natural, «La filosofía es, en definitiva, la pregunta por el ser: una pregunta insoslayable en no pocos momentos de la vida de todo hombre, culto o no; es una nostalgia metafísica». CARDONA, C., *Aforismos*, Madrid, 1999, p. 39.

26. A veces, «(…) gracias a él (al genio) es el ser mismo el que nos habla en vez de nuestros ecos débiles y dudosos». SERTILLANGES, A. -D., *La vida intelectual*, p. 130.

dicho (lenguaje). El ser dicho es norma, *nomos*, ley. Lo que se dicta en pretérito es válido para todos los oyentes que deben acoger esta norma, ante dicha norma la libertad debe acogerla. Las leyes de la naturaleza están ya en pretérito, y no meramente dictaminadas, sino realizadas y realizantes de hecho. El ser dicho es pretérito universal.

Ser *diciente* (persona) es el mismo sujeto de la voz, y la voz evoca significado, relevancia. Por eso lo más relevante es la persona.

Ser *sido* (naturaleza). El ser sido al ser también pretérito ya está de algún modo, acabado y perfecto. El ser sido es inmutable. No se trata de un pretérito sin más, es presente-pretérito.

Ser *siendo*. Es pues éste tipo de ser un infinito continuo. El ser siendo es la consecución de lo infinito. El ser siendo no es autorreferente, sino que es referente en su ser siendo. Autorreferencialmente el ser siendo es ser-para-sí. Referencialmente el ser siendo es ser-para-nosotros. Pero la autoreferencia radical es narcisista, es un estar ensimismado, un sin salir de sí que desemboca en el aislamiento y en la soledad más profunda.

Si en Heidegger la pregunta por el sujeto es un sinsentido, también lo es necesariamente la pregunta por el mensaje del sujeto. Si cupiera la posibilidad de la existencia de un sujeto sería un sujeto que guarda silencio, y, esto es otro sinsentido. El silencio del absoluto es su propio verdugo. Y la explicación de lo que hay solo puede ser una explicación desde dentro, una explicación inmanente.

Ahora bien, una explicación inmanente sobre una realidad trascendente es un oxímoron. La intención de explicar la propia existencia desde mi existir-sin (ya que no cabe la coexistencia en Heidegger) no puede ser en ningún modo una explicación filosófica y por tanto, tampoco científica. Sólo, y en el mejor de los casos, le queda a Heidegger un análisis de la existencia, una fenomenología inmanente existencial. Frente a esta analítica existencial que desemboca en el sinsentido, existe otra analítica de la existencia propuesta por V. E. Frankl que trasciende el *factum* de la existencia, y tiene por objetivo buscar el sentido (voluntad de sentido). «(…) sólo el carácter trascendente de la conciencia[27] nos hace posible la comprensión del hombre, y en concreto de su personalidad hasta su sentido más hondo; a través de la conciencia de la persona humana personal una instancia extrahumana»[28]. La filosofía de Heidegger es opuesta a la de V. Frankl, pues mientras que aquél no se puede explicar a sí mismo, éste sostiene que «(…) la vida en sí misma es una especie de auto-explicación del ser personal»[29].

En este sentido Heidegger no añade nada nuevo al pensamiento de Descartes. Mientras éste último admite a Dios (de un modo *a priori* y, por tanto, acientífico) Heidegger guarda silencio. Como señala certeramente Juan Pablo II: «(…) después de Descartes, la filosofía se convierte en una ciencia del pensamiento puro: todo lo que es *esse* –ya se trate del mundo creado como del Creador– se queda en el campo del *cogito*, como contenido de la conciencia humana. La filosofía se ocupa de los seres en cuanto contenidos de la conciencia, y no en cuanto existentes fuera de ella»[30].

La fenomenología inmanente existencial heideggeriana vislumbra su propia vida, pero nada más. Y su propia vida que corre hacia su término. La angustia de quedarse únicamente en un saber

27. EBNER, F., «La palabra creó la autoconciencia y la vida espiritual del hombre en su realidad» en *La Palabra y las realidades espirituales. Fragmentos pneumatológicos*, Caparrós Editores. Colección Esprit. Madrid, 1993, p. 45. Título original: Das Wort und die geistigen Realitäten. Pneumatologische Fragmente, Brenner. Trad: José Mª Garrido.

28. FRANKL, V. E. *La idea Psicológica del Hombre*, Rialp, Madrid, 1986, pp. 151-152. También en *Der unbewusste Gott*. 1ª. Ed. Viena, 1948, pp. 74 y ss.

29. Ibíd., p. 100.

30. JUAN PABLO II, *Memoria e identidad*, Conversaciones al filo de dos milenios, la esfera de los libros, Madrid 2005, pp. 21-22.

analítico, descriptivo es una angustia provocada y lógica. Describir algo sin saber qué es ese algo es no saber nada. Y cuando esto sucede al intentar explicar la vida, entonces la angustia es precisamente el no poder explicarme o no poder explicar el sentido de mi propia vida. A Heidegger le ocurre algo parecido a Kant cuando éste exclamaba: no soy más que una x que conoce otra incógnita, (…) soy para mí mismo tinieblas[31].

La vía idealista no puede llegar a otro puerto más que el de la angustia. La angustia no puede ser el sujeto de la voz que venimos sugiriendo desde el principio de estas reflexiones. La angustia no es voz porque sencillamente no es un mensaje, no es *logos*, sino *anti-logos*. La angustia como fin es el inicio de la locura existencialista.

Además, si hemos dicho que la voz del ser se insinúa, la angustia es una «voz» que obsesiona. Si la voz respeta, la angustia se impone y nos ciega. Una voz obsesiva, irrespetuosa, y que se impone no se asemeja más que a las características —no de la voz— sino del ruido. La angustia es pues la voz más agorera que cabe.

5. El niño que juega: la cultura del recreo

Heidegger ha exaltado a la muerte —el hombre es un *Sein-zum-Tode*—, pues ha convertido ésta como fin de la carrera vital. Si todo es muerte, ¿por qué hago todas las cosas que hago? De aquí nace el sinsentido que provoca la angustia del hombre moderno (posmoderno), donde la única alternativa versa en construir un mundo que esquive artificialmente a la muerte, donde el tiempo que nos

31. Cfr., LLANO, A., *Naturalismo y trascendentalismo en la teoría kantiana del conocimiento*, en Anuario Filosófico Vol. 37, n. 3, 2004, EUNSA, Pamplona, p. 556.

quede no sea aviso sino *recreo*, inconciencia. Esta alternativa es la propuesta nietzscheana en su *Voluntad de poder*. *Principio de una nueva institución de los valores.* Ya no es la vida un juego, con sus normas, premios y castigos, sino que la vida es recreo, ficción. Y cuando la ficción invade lo real, la cultura de la imagen, del simulacro, se postula (se impone) como la auténtica cultura (olvidando así la concepción epifánica de la cultura).

Los modelos de vida y de conducta en las jóvenes promesas del siglo XXI se encuentran inmersos en esa cultura (¿anticultura?) del espectáculo y, en concreto en el cine y la música.

¿Cómo volver a una cultura de la vida donde la realidad aparezca –se presente– como aquello a lo que me tengo que amoldar, y no que ella se amolde a mis gustos, sentimientos o incluso modos de pensar?

Aun así, la voz del ser no quiere ponerse a la misma altura que el ruido y las voces agoreras, porque ella misma no se quiere imponer. Ella reclama compromiso –que es la plenitud de la libertad–, mientras que las otras voces exigen aislamiento, acuartelamiento, que es la negación de la libertad. Byung-Chul Han lo dice de este modo tan certero en su obra *Vita contemplativa: oder von der Untätigkeit*: «El desastre de la comunicación digital proviene del hecho de que no tenemos tiempo para cerrar los ojos. Los ojos se ven forzados a una 'continua voracidad'. Pierden el silencio, la atención profunda. El alma ya no reza».

La voz del ser rezuma por todos los lugares y tiempos, donde la historia se entreteje día a día. La cultura del simulacro acalla la voz del ser e impone su silencio (un silencio[32] cuya connotación

---

32. Cabe distinguir el silencio que propone la cultura del simulacro como el no-sentido, y el silencio que propone la misma realidad, el verdadero silencio donde es posible acoger la voz del ser. Dietrich von Hildebrand bien podría

es negativa, pues este silencio es la no-palabra, el no-sentido, la no-significación). Este silencio es la consecuencia de la cultura que corre como fin hacia la muerte, es pues, el silencio ante toda palabra comprometida. La cultura del recreo es tremendamente inconsciente[33]. Es la propuesta nietzscheana cuyo protagonista principal es *el niño que juega*. Y así dice Nietzsche: «El niño es inocencia y un nuevo comienzo, un juego, una rueda que se mueve por sí misma, un primer movimiento, un santo decir sí»[34]. Es también la cultura freudiana del *yo* como superación del *ello*. Efectivamente, el niño, el superhombre se convierte así en un juego (un juego donde no hay reglas, porque esta es la causa de que, de este modo, siempre se gane, y así el fracaso es en el fondo no algo imputable, sino nuestra propia condición) y, en palabras de Steiner, «el juego es la fuente última del des-decir»[35]. Y no hay nada más efímero, pero también necesario, que lo recreativo, lo artificial, lo representativo: la imagen.

La voz del ser habita en lo más profundo del corazón. Está instalada allí, pero sólo se hará notar cuando se sienta libre de toda ficción[36], de toda esclavitud.

decir que el hombre que está inserto en la cultura del simulacro no tiene corazón o es prisionero de su corazón donde se hayan precisamente las cosas más triviales y mezquinas. La consecuencia inmediata de esta falta de corazón es la anulación del yo real, y, por ende, la afirmación de un yo ficticio, tan ficticio como el mundo que su cultura ha creado.

33. Justamente esta inconsciencia será para Nietzsche el grado más alto de conexión con la realidad, ya que «(…) el hombre alcanza la delicia de la realidad en dos estados, en el sueño y en la embriaguez», Mª Socorro Fernández, *Interpretación heideggeriana de la estética musical de Nietzsche*, en *La realidad musical*, Juan Cruz Cruz (Ed.), EUNSA, Pamplona, 1998, p. 565.

34. Nietzsche, F., *Así habló Zaratustra*, Alianza, Madrid, 1972, p. 51.

35. Steiner, G., *Presencias reales*, ob., cit., p. 163.

36. Aunque no toda ficción es esclavitud, aquí, en el contexto del presente trabajo se puede ver desde esta óptica. La ficción es necesaria, pero no puede ser

La cultura que propone el hombre moderno aturde. Y el aturdimiento atolondra, deja sin armas al hombre para enfrentarse a su propia condición. Por eso, el fruto de esta cultura de la que venimos hablando es el hombre masa, un hombre despersonalizado que vive (¿vive?) en un funcionalismo extremo, un funcionalismo que está al servicio del recreo. El hombre masa es en definitiva un hombre sin rostro, sin historia y sin proyectos. Quien está de recreo olvida su propia condición. El recreo tiene un carácter marcadamente efímero, transitorio, pues no dice nada respecto a lo que el hombre es. El recreo huye del sentido porque, a fin de cuentas, huye del hombre mismo, olvida sus raíces y, por tanto, su identidad. La cultura del recreo manifiesta el sinsentido. Estamos pues en las antípodas de la verdadera cultura, pues ésta consiste precisamente en dar sentido, en perfeccionar lo dado (la naturaleza). Este sinsentido, este estado de sueño y embriaguez que propone la cultura del recreo está apostando en el fondo por una estética carente de ética y metafísica. Me atrevería a decir que esta apuesta por la estética como voz dirigente sin una instancia ulterior es la conversión valoral nietzscheana. Se trata de poner un fundamento a la muerte del fundamento donde ella misma se fundamenta, donde ella misma crea, o mejor dicho, re-crea. En efecto, ella misma tiene una voluntad tan fuerte que crea, que re-crea. Esta segunda creación sólo es posible si antes de crear destruye. La voluntad de poder no tiene tal poder porque crea, sino que tiene tal poder porque destruye y luego, pero sólo luego, crea. Esta destrucción, o deconstrucción como aniquilación del origen y de toda referencia a lo originario, es coherente

hegemónica respecto a la realidad. La esclavitud que se menciona hace referencia al sometimiento ciego –que roza el culto y la idolatría– que se da hoy al valor de la imagen, sobre todo, que se rinde a la imagen de sí mismo.

conclusión de la negación del fundamento y la mejor definición del nihilismo[37].

Para aquellos que apuestan por una cultura recreativa, la contemplación no sería viable. Ven la vida no como un juego sino como juguete. En lugar de apreciarla como un don, la perciben como un derecho y merecimiento y, precisamente por eso, construyen así sus propias normas[38]. Este modo de proceder se observa más nítidamente en cuestiones de bioética, donde no se *contempla*

---

37. Apuesto por ello a una fundamentación de la realidad en la metafísica, y no en la estética. También entiendo que, si bien, la realidad encuentra su fundamento en la metafísica, la realidad humana, que es radicalmente distinta de la realidad del universo, debe encontrar su fundamento en una antropología trascendental. Por eso, sugiero una lectura honda del pensamiento de Leonardo Polo, donde invita justamente a conocer la realidad humana desde su propuesta, desde la antropología trascendental. Pero el arte no es fundamento, aunque es fundamental. Bien es cierto que el arte tiene que decir mucho al hombre de hoy, pero que no podría fundamentar al propio hombre. «A la metafísica le compete (…) la justificación y el esclarecimiento de la dimensión metalingüística y metaempírica que es objeto de las comprensiones últimas, si son auténticamente comprensiones, es decir, si se entienden como poseedoras de verdad». ROMERA, L., *El retorno a la metafísica*, Acta Philosophica, fasc. I, vol. 15, Roma, 2006. De modo que si el arte posee un valor metaempírico y metalingüístico como sostengo, debe estar sujeto a la metafísica, pues forma parte de sus competencias. Recuperar la metafísica es recuperar la ética y la estética, y esto se da en la medida en que se recobre el valor de la palabra, de ese logos iluminador del ser como verdadero creador de la realidad, de ese logos práctico, de ese logos axiológico y estético.

Y también «sólo la metafísica puede justificar por sí misma sus conceptos fundamentales: su finalidad propia es precisamente la reducción al fundamento». CARDONA, C., *Olvido y memoria del ser*, EUNSA, Pamplona 1997, p. 27. Esta visión sería parcial si se tiene en cuenta la antropología trascendental poliana. No obstante, sin entrar ahora en matices, no deja de ser sugerente.

38. Valga como ejemplo el derecho positivo cuando se desvincula del derecho natural. Y así nace una ética que ya no tiene en cuenta las leyes del juego de la vida, ya no es heterónoma, sino autónoma. Sería la ética del «niño que juega».

la vida como regalo y don, sino que se *ve* incluso el derecho de trastocar el origen de la vida y jugar así –como si fuera un juguete– con los cromosomas. Y es que la cultura del recreo no tiene más fin que el capricho (que siempre busca intereses individuales, y casi siempre egoístas). Y es que, cuando la palabra se pierde, entonces todo se torna inmanente. Cuando la palabra se va del hombre, nace la infidelidad. Cuando el hombre pierde su *logos*, ya no puede escuchar, por lo que desobedece cualquier tipo de norma. Cuando, al fin y al cabo, lo único que nos queda es la imagen, entonces el hombre no puede explicarse a sí mismo porque ha roto con el ámbito de lo trascendente y no puede salir de sí. La objetividad sólo es posible saliendo de uno mismo. Este salir es la metafísica, y su utilidad se encuentra en el volver. Así, todo lo verdadero es tan objetivo como subjetivo, porque primero se sale y después se vuelve. Este es el sentido que, a mi entender, Platón le da al que, una vez que ha salido de la caverna, vuelve para liberar a los demás. Ésta es la meta: explicar al hombre mismo, explicarnos[39]. Y las imágenes no sirvieron a los encadenados en la caverna. Alguien tuvo que salir y volver para explicar con la palabra el sino del hombre. Ese alguien es la figura del filósofo, aquél que para explicar antes debe liberarse de toda ficción.

Para el hombre que está inserto en esta cultura el agradecimiento no existe. La gratitud[40] es un valor desconocido para el hombre inmerso en sí mismo, para aquél que juega con su vida.

---

39. Quizá sea esta la razón por la que Sertillanges dijera esta frase tan redonda: «En el saber, todo son esbozos; la obra completa es el hombre». SERTILLANGES, ob., cit., p. 184.

40. Es interesante ver cómo Hildebrand es consciente del embotamiento que padece la persona que no es agradecida, y, por el contrario, de ese estar despierto a la realidad con que se encuentra el alma que agradece (Cf. *La gratitud*, p. 18).

Y es que no podría ser de otro modo, ya que, el que agradece se *hace cargo* de su propia condición y limitación, es más objetivo precisamente por eso, porque no vive soñando, sino consciente. Con razón Séneca decía que el ingrato es el que sólo en secreto es agradecido.

Quien no da gracias piensa que toda su existencia es un derecho, que no podía ser de otra manera. Para él, insisto, la vida no es un regalo, no es un don, sino que es algo que él mismo ha conquistado. Pensar así no es propio del que busca la verdad, sino que es, más bien, propio del que impone su verdad.

6. La cultura como epifanía

Bien sabemos que el término *cultura* viene de la acción de cultivar, hacer, transformar. Cuando cultivamos el campo, hacemos una poesía o transformamos algo estamos, de algún modo, manifestándonos. Detrás de un cultivo, una poesía o una fábrica vemos inexorablemente la mano del hombre. De ahí que la cultura sea manifestación, epifanía del ser humano.

Manifestarse es presentarse ante alguien y presentarse es mostrarse, darse a conocer. Pero sólo nos damos a conocer, sólo nos manifestamos cuando tenemos confianza. Por eso toda manifestación supone un riesgo: la aceptación (*sanctioning*) o el rechazo del otro al que nos mostramos.

Existen «culturas» que no reconocen su dimensión manifestativa, pues en vez de mostrarse se ocultan y, en vez de dar, se apropian[41]. Son culturas que, por lo general, gozan de menos libertad

---

41. Por eso pienso lo mismo que R. Guardini cuando sostiene que «el verdadero dar solo lo aprende quien han experimentado la pobreza». Cf. *Briefe über Selbstbildung*, ob., cit., p.29.

que otras. Sin embargo, no es cultura aquella que no se desvela: una cultura así, en vez de cultivar o hacer, destruye, y destruye precisamente aquello que no muestra. En las culturas donde la mujer no puede desvelarse, no se puede dar a conocer, no existe la libertad y, en consecuencia, la mujer es destruida. El ocultamiento del ser humano imposibilita el ámbito de la verdadera cultura. Cuando hablamos de la Epifanía de Nuestro Señor es la misma Humanidad la que se nos da a conocer. La aceptación de dicha epifanía hace más posible la libertad, pues es el ser humano en su perfección lo que se nos da. Y todo acogimiento lleva consigo un reconocimiento. El reconocimiento ante la Epifanía del mismo Dios debe ser la adoración[42], el regalo. Y cuando se regala algo lo que se está haciendo es una entrega, la donación de un presente. Por eso la cultura más que en recibir, estriba en su modo de dar.

Hay culturas donde la manifestación humana se da únicamente de un modo externo y en exceso, y otras en las que se da de un modo externo y defectuosamente. En la primera el desvelamiento se da de una forma un tanto radical. Son culturas donde el pudor no existe, donde el cuerpo (manifestación externa del ser humano) se comercializa, se trivializa, y pierde su intimidad. Por el contrario, otras culturas, en su defecto, no desvelan el rostro, se cae en un anonimato que quita el protagonismo, la historia misma de la persona. En ambas hay un factor común: son manifestaciones no libres del ser humano.

La cultura más propia, más manifestativa es aquella que acoge, reconoce aquello que es lo más humano y que sigue el modo de ser

---

42. «En la adoración intervienen la inteligencia y la voluntad que se dirige al Bien Supremo, que es el más admirable. Es preciso recuperar la experiencia de la adoración». Cf. Polo, L., *Los sentimientos humanos*, RIH, Revista Internacional d'Humanitats, n.º 3, 1998.

propio del hombre, su naturaleza. De este modo, la cultura es la perfección de lo que ya somos.

Una cultura que agradece, que regala y que se entrega es más perfecta, pues cultiva precisamente lo que el hombre es y lo que debe ser. El agradecimiento es una acción del hombre humanizadora[43], y se da o no se da. El regalo es la manifestación, a su vez, del agradecimiento[44].

Por desgracia no pocos filósofos han negado la existencia de una naturaleza en el ser humano. Rechazan, por tanto, una realización de la misma, dificultan la posibilidad de una verdadera cultura. Por eso, la cultura no es algo que se contrapone a la naturaleza, sino que la sigue y la enriquece.

El que agradece reconoce el valor de aquello que ha recibido, se hace cargo de su nueva situación. Por contra, el que no agradece ve lo recibido como algo natural, es decir, más que en reconocer, se apropia. La cultura auténtica es aquella que reconoce, que da (las gracias) y nunca se apropia. «¡Qué vacía es la vida de aquél que no entiende la plenitud y el valor de los regalos que recibe, ni reconoce que son regalos inmerecidos, ni que de ellos irradia la bondad, misericordia y caridad de Dios! En esta comparación resplandece la felicidad profunda que sólo conoce el agradecido»[45].

---

43. Por eso es una virtud, porque nos hace más humanos. «Nos humanizamos, nos hacemos nosotros mismos cuando adquirimos los hábitos virtuosos. Esos hábitos nos interiorizan en la medida en que nos enriquecen como hombres en nuestro propio ser». ALVIRA, R., *Filosofía de la vida cotidiana*, Rialp, Madrid, 2001, p. 82. Por otro lado, Balduin Schwarz (1902-1993), discípulo de von Hildebrand y uno de los máximos exponentes del realismo fenomenológico, en su obra *Del agradecimiento* habla de los actos de agradecimiento como de un antídoto contra la deshumanización. Cf. SCHWARZ, B., *Del agradecimiento*, Encuentro. Madrid, 2004.

44. Cfr., SELLÉS, J. F., *La virtud del agradecimiento según Leonardo Polo*, Colloquia, revista de pensamiento y cultura, n.º7, 2020, pp. 11-20.

45. HILDEBRAND, VON, D., *La gratitud*, ob. cit., p. 22.

7. El papel del corazón (*kardía*)

«*Si el alma es el principio de unidad que nos convierte en hombres, el corazón es el principio superior de unificación que nos humaniza, que nos hace verdaderamente humanos*» (Rafael Alvira)[46].

Dice la Escritura Santa que *ex abundantia cordis os loquitur* (de la abundancia del corazón habla la boca), sabias y, sobre todo, santas palabras que avivan, aún más si cabe, nuestra posición acerca del logos. Quizás el lector tienda a ver el corazón con prejuicios de índole demasiado racionalistas. Y es que muchos filósofos –no la filosofía– lo han tratado, como decía Hildebrand, como a un hijastro. Vamos a intentar aquí dilucidar cuál es el cometido del corazón del hombre donde es acogida o rechazada la voz del ser.

Efectivamente, quizás la voz *corazón* no aparezca en los léxicos filosóficos, pero sí en las revistas superficiales que venden en cualquier local o en las novelas sensibleras, donde se confunde el corazón con los sentimientos, el amor con los amoríos.

Para Hildebrand «(…) el corazón constituye el yo real de la persona más que su intelecto o su voluntad»[47]. Y no puede ser de otra manera, pues la felicidad, que es el objetivo principal de todo hombre, «tiene su lugar en la esfera afectiva, sea cual sea su fuente y su naturaleza específica, puesto que el único modo de experimentar la felicidad es sentirla. (…) El conocimiento sólo podría ser la fuente de la felicidad, pero la felicidad misma, por su propia naturaleza tiene que quedarse en una experiencia afectiva. Una felicidad "pensada" o "querida" no es felicidad; se convierte en una palabra sin significado si la separamos del sentimiento, la

46. ALVIRA, R., *Filosofía de la vida cotidiana*, ob. cit., p. 108.
47. HILDEBRAND, VON, D., *El corazón*, Palabra, Madrid, 1996, p. 133.

única forma de experiencia en la que puede ser vivida de modo consciente»[48].

De hecho, cuando queremos a una persona no la queremos de un modo intelectual o volitivo; la queremos con todo nuestro ser, con la fuerza del corazón, que es el núcleo, no sólo de nuestra afectividad, sino de la persona humana[49].

Kardía en griego y *cor, cordis* en latín significan corazón. No sólo es uno de los conceptos más importantes en medicina. También, en nuestra lengua, existen muchas palabras que se derivan de ella y que tienen un alcance profundamente estético, ético y antropológico, como por ejemplo: Acordarse (las personas que aman no se olvidan de lo importante), acuerdo (fundamental para la paz), acorde (conjunto de notas que dan armonía al conjunto), concordar (poner de acuerdo lo que no está), coraje (virtud, fuerza), coral (composición vocal armonizada a cuatro voces, de ritmo lento y solemne, ajustada a un texto de carácter religioso), recordar (volver a pasar por el corazón), cordial (afectuoso), cordura (prudencia, sabiduría)... Podríamos seguir con otras tantas acepciones, pero nos valen estas como ejemplo para saber que el papel del corazón es nuclear en el sentido más antropológico. El corazón de la persona (antropología) tiene la fuerza de llevar a su terreno lo metafísico (la verdad, el bien y la belleza).

La palabra pronunciada llega al corazón sólo cuando se trata de una palabra verdadera, buena y bella. En esta dimensión tripartita —pero siendo una única cosa— de la realidad es donde el corazón se hace eco, se hace con lo dicho, ambos —palabra y

---

48. *Idem*, pp. 32-33.
49. Por eso dice R. Alvira: «El que sólo desea con la imaginación es hombre, pero no humano; y lo mismo el que sólo se guía por el pensar o el querer. Quien tiene un verdadero corazón, ése es humano». *Filosofía de la vida cotidiana*, ob. cit., p. 108. Sobre la unidad fundamental del corazón ver *¿Qué significa ser persona?*, pp. 84-85. U. Ferrer, Palabra, Madrid 2002.

corazón– se identifican, se poseen mutuamente[50]. Por eso, el corazón es ese lugar[51] de búsqueda y encuentro, por eso el corazón es también "(...) el lugar de la sinceridad, donde no se puede engañar ni disimular. Suele indicar las verdaderas intenciones, lo que uno realmente piensa, cree y quiere, los 'secretos' que a nadie dice y, en definitiva, la propia verdad desnuda". Papa Francisco, *Dilexit nos*, Carta Encíclica sobre el amor humano y divino del Corazón de Jesucristo.

La voz portadora de valores, la voz que insinúa el bien debe ser una voz amada. Ahora bien, en la cultura del simulacro, del postureo, dicha voz no es una voz amada sino soslayada, porque ni se puede ni se quiere oír. No se puede oír porque el auténtico silencio está ausente, y no se puede querer porque el ser visto cobra una primacía cegadora –valga la paradoja– respecto del ser escuchado.

El corazón, un corazón buscador, quiere porque lo contempla, desea porque quiere y siente porque late, la voz del ser, pero, los disvalores también tienen su papel, a los que no se les debe postergar.

---

50. «Al que comunica la palabra le corresponde no engañar los corazones puros por la seducción de las luces turbias». *Mounier en Sprit*, (Sobre la inteligencia en tiempos de crisis. Febrero 1941), MOUNIER, ob., cit., p. 73.
51. También es el lugar de la reconciliación, «el lugar de la reconciliación de sentimiento, inteligencia y voluntad. Y esta reconciliación llena la vida». ALVIRA, R., *Filosofía de la vida cotidiana*, ob. cit., p. 106. A mi juicio es el punto 2563 del Catecismo de la Iglesia Católica el que mejor sintetiza lo que la palabra corazón encierra: «El corazón es la morada donde yo estoy, o donde yo habito (según la expresión semítica o bíblica: donde yo "me adentro"). Es nuestro centro escondido, inaprensible, ni por nuestra razón ni por la de nadie; sólo el Espíritu de Dios puede sondearlo y conocerlo. Es el lugar de la decisión, en lo más profundo de nuestras tendencias psíquicas. Es el lugar de la verdad, allí donde elegimos entre la vida y la muerte. Es el lugar del encuentro, ya que a imagen de Dios, vivimos en relación: es el lugar de la Alianza».

8. Mito y palabra

> *«Cerrarán sus oídos a la verdad y se volverán a los mitos»*
> (2 Tim, 4, 4).

El hombre del siglo XXI y también el de finales del XX más que en la Palabra, cree en el mito, en un mito, no del eterno retorno de lo mismo, sino en el mito del eterno progreso de lo mismo. Esta fe en lo irracional tuvo, está teniendo y tendrá un desenlace fatal a no ser que el mito devenga en Palabra.

La humanidad, de alguna manera, reclama su salvación, y ésta pasa por el *logos*. Ese *logos* –esa palabra– sólo podrá llegar a través de ella misma en el *dia-logos*.

Quien cree en mitos cree en una cultura que presume, que vive de y en sueños, que dormita. Quien cree únicamente en mitos –los mitos son necesarios– inventa su propia realidad, inventa su mundo siendo éste el contenido de su fe. Sin embargo, quien cree en la Palabra no está embotado porque no vive en soledad. La Palabra siempre requiere del otro porque ella es creadora de vínculos, y esos vínculos sí que son reales.

Los mitos son necesarios e insustituibles, pero no cabe instalarse en ellos. El mito pide su propia superación. Desde siempre ha habido mitos. De alguna manera es una modalidad sapiencial del hombre, pues tiene que ver con el origen, con el pasado… «Lo mítico es característico del hombre, es un ingrediente suyo. Expresa una de nuestras dimensiones. Pero no expresa la dimensión a que nos debemos acoger o atener, sino precisamente aquello que en nosotros debe ser superado»[52].

Quien entiende la cultura como un sueño del espíritu no podrá nunca clamar ni reclamar porque sencillamente no tiene pa-

---

52. Polo, L., *Presente y futuro del hombre*, Rialp, Madrid, 1993, p. 28.

labra, y sin palabra no cabe el reclamo, sino el otorgar, y lo que se otorga es precisamente el sueño, negación de realidad.

Por el contrario, quien cultiva el espíritu es aquél que despierta del sueño de la razón, del sueño del *logos*. Y, quien despierta cae en la cuenta de que la vida exige una respuesta agradecida a la llamada, a la existencia. Ese es el campo de realidad, y por ello, quien despierta es elocuente porque da gracias con la palabra. *¡Inteligencia dame la palabra!*, decía Juan Ramón Jiménez. El hombre que pone su fe en el eterno progreso de lo mismo no podría clamar el reclamo del poeta, y sólo le quedaría gritar: ¡Voluntad dame el poder!

Efectivamente, para el que cree en mitos únicamente sólo puede aspirar a un fin: el poder, que es, al fin y al cabo, el tener más. El progreso –la sustitución de un medio por otro mejor– exige poder, ambición, exaltación del yo. Postura muy contraria de aquél que apuesta por la palabra: la posesión del tú, de los otros, del saber estar en armonía con los demás. El poder, por el contrario, propone la anulación del otro; la palabra afirma al otro. El poder busca el aislamiento, y se encuentra con la soledad (un reconocimiento a uno mismo desde los otros en la lejanía, una ansiedad del yo que se roe a sí mismo en la intimidad); la palabra se encuentra en la comunión. El poder dispersa; la palabra convoca, llama. Por eso se puede decir, como muy bien lo ha escrito Illanes, que hablar es actividad profundamente humana, «en primer lugar porque presupone la inteligencia, la apertura al mundo que nos rodea y la percepción de lo otro en cuanto otro. Pero también, y más profundamente, porque connota la sociabilidad, la capacidad de comunicación entre quienes, estando dotados de inteligencia, están en condiciones de manifestarse unos a otros el propio mundo interior, con el conjunto de ideas, sentimientos y afanes que lo integran. Hablar es siempre, en uno u otro grado, una acción interpersonal y personalizante: expresarse, manifestarse, darse a conocer. Y lo es especialmente cuando lo que se pretende significar con las palabras dice relación a las dimensiones más profundas de la propia subjetividad, cuando se busca desvelar ante el otro la propia intimidad; y más aún, cuando como ocurre en la relación de amor, presupone el deseo de que las dos intimidades tiendan a constituir una sola, y el otro pueda llegar a ser realmente *otro yo*»[53].

9. Volver a la palabra

Tal vez haya sido Ferdinand Ebner (1882-1931) uno de los pioneros en recuperar la palabra de los grandes estragos que sólo la imagen está produciendo en nuestra cultura. La palabra –la verdad pronunciada en la persona– es con la ayuda de la imagen lo que puede redimir a la actual cultura dominante, una cultura que poco a poco está cediendo un puesto a la razón del hombre.

Para Ebner *el camino es la palabra* (frase que le sirve de título a una de sus obras) del yo a Dios, es el medio de comunicación personal que necesita el hombre, hoy más que nunca, para salir al encuentro del sentido. En contra de la filosofía posmoderna que en palabras de Goethe desterraba a la palabra en pro de la acción (ya no es el verbo el principio sino la acción[54]), los filósofos del encuentro como Ebner, Lévinas, Rosenzweig, Marcel, entre otros, proponen una alternativa con una visión más unitiva que unilateral, es decir, que es la persona con su palabra (el verbo) la que a

---

53. ILLANES, J. L., *De la significación al sentido*, en revista *Scripta theologica*, vol. 44, n.º 1, 2012, p. 77.

54. Steiner ha visto bien el problema cuando escribe «El problema es (…) el del significado del significado tal como lo garantiza el postulado de la existencia de Dios. En el principio era el Verbo. No existió tal principio, afirma la desconstrucción; sino sólo el juego de sonidos y marcas en medio de las mutaciones del tiempo». STEINER, G., *Presencias reales.*, ob., cit., p. 150.

través de la acción con los otros podrá llegar a lo que realmente es: espíritu encarnado deseoso de perfección.

Es bien manifiesto que esta idea de una necesidad del verbo, de un volver a la palabra está dando resultados muy alentadores en la filosofía de hoy. Aquí está el germen del renacer de la filosofía. Las filosofías que proclaman de alguna manera la importancia de la palabra son: la logoterapia, el personalismo y la fenomenología de corte realista.

La logoterapia de Víktor E. Frankl propone una voluntad de sentido frente a una voluntad de poder nitzscheana. Al fin y al cabo en la logoterapia el logos (la palabra) es el que cura; el personalismo, que con sus propias vertientes y diversos matices, (desde Mounier hasta Carlos Díaz pasando por Edith Stein, Marcel, K. Wojtyla, y un largo etcétera), presenta a la persona como núcleo de reflexión donde desde la comunicación y la apertura hacia el otro o hacia el Otro se aborda una cultura del dar (dar las gracias sólo se puede hacer mediante la palabra de la persona agradecida; dar la vida por los demás negando toda cultura de la muerte que desea el aborto o la eutanasia; es en el dar donde está la clave para salir del egocentrismo que solo mira derechos y no deberes y que tiene vástagos tan vacuos como inmaduros. Solo con el dar la persona se va constituyendo pues el hombre no está ya constituido, no está ya dado, sino que está hecho para dar.); La fenomenología realista, que con M. Scheler, A. Reinach, D. von Hildebrand y E. Stein, ha combatido fuertemente el relativismo y el psicologismo –que tanta oscuridad ha dejado en Occidente–, y que incoan una nueva luz en la persona que busca la verdad y pide una *vuelta a las cosas mismas.*

Logoterapia, personalismo y fenomenología de corte realista son solo tres brotes que están creciendo y que indudablemente darán frutos, pero ésta vez unos frutos bien llenos de sentido y bien maduros que pueden reflotar el barco de Occidente, casi hundido por no encontrar una palabra que salve, una verdad que sustente y una justicia que emita un juicio esperanzador. (Por eso, no es casualidad que un libro de Juan Pablo II lleve por título *Cruzando el umbral de la esperanza*).

Curiosamente la logoterapia nació en Auschwitz; el personalismo nació para hacer frente a los totalitarismos antagónicos que han dividido el mundo (comunismo-capitalismo) y la fenomenología realista surge de las tinieblas que estaba marcando el relativismo. Son pues las tres, posturas que han ido contracorriente y que hoy tienen mayor alcance que en sus propios inicios.

Todas tenían en común el encuentro de una causa perdida. La logoterapia buscaba el sentido frente a una filosofía que había matado al Sentido y, por ende, caído en las mallas del nihilismo. El personalismo buscaba el fin del individualismo y del totalitarismo, quería desterrar al individuo y al sujeto para hablar de la persona, su intimidad y trascendencia (su dignidad, su resonancia). La fenomenología quería una objetividad que estaba disipada por el psicologismo, pedía la esencia de las cosas frente al idealismo sistémico. Sin embargo, esas causas no estaban tan perdidas ya que se puede hablar hoy de una vida llena (logoterapia) que se da en la persona (personalismo) que busca su perfección en el obrar que fundamentan los valores morales (fenomenología). Sin palabra –que es lo mismo que decir sin metafísica ni antropología, pues la palabra trasciende la fisicalidad tanto como todo signo lleva al significado– no puede haber ciencia verdadera. Otra labor –más necesaria– será la de sustentar a estas tres disciplinas con una base honda que consolide el fundamento de nuestro mundo y del hombre. Pero no hay que buscarla, sólo redescubrirla. De ahí la importancia de los clásicos, ese mapa del tesoro, que como lo pinta la ficción, está abandonado, y que sólo los locos –aventureros del espíritu– podrán hacerse con él, para que la humanidad pueda orientarse mejor hacia su propia plenitud. «Quien quiera conocer y hacer el bien debe dirigir su mirada al mundo objetivo del ser. No al propio sentimiento, no a la conciencia, no a los valores, no a los ideales y modelos arbitrariamente propuestos. Debe prescindir de su propio acto y mirar (y escuchar) a la realidad»[55].

55. PIEPER, J., *El descubrimiento de la realidad*. Rialp, Madrid, 1974, p. 15.

Capítulo II
Música y logos,
con especial atención a Nietzsche y Wagner

Lo que pretendo en este segundo capítulo es mostrar cómo la música del romanticismo va concediendo poco a poco una primacía a la imagen y a la voluntad en detrimento del *logos* –palabra, norma– y de la tradición, herramientas imprescindibles para una verdadera comprehensión del hombre y de la historia. Así se llega a la visión de un arte que se dice que alberga la última palabra, cosa que sin *logos* pensamos que es inadmisible.

Contraponiendo la dialéctica que enfrentan a Nietzsche y a Wagner en su concepción del arte –de la música– se podrá ver con mayor claridad el problema que subyace en el fondo, pues el puerto al que apunta esta visión romántica es al de la era posmoderna o *postlogos*, que impone un nihilismo como alternativa al fundamento. La recuperación del arte, a mi juicio, es clave para rescatar el sentido y revocar el nihilismo contemporáneo. Si se recupera la noción de *logos* entendida como palabra que da sentido y la noción de tradición estaremos dispuestos a explicar al hombre y seguir así el curso de la historia interrumpida y sin brújula por la hegemonía de la voluntad frente a la razón.

1. ¿La última palabra?

La sentencia «El arte y nada más que el arte. ¡Es el que hace
posible la vida!», en *El ocaso de los ídolos*, y también «El arte es
más poderoso que el conocimiento, puesto que aquel quiere la
vida y éste sólo consigue como última meta el aniquilamiento»[1],
hacen entender que el arte, según Nietzsche, tiene la última
palabra. Efectivamente no hay vida humana sin arte; sería vida,
pero no humana. Ahora bien, el arte no es autosuficiente para la
comprensión del hombre. El nada más que el arte es un romanticismo tan ciego como la supresión del logos por una voluntad
de poder, donde el único puerto posible al que se llega es al del
nihilismo, como el nihilismo de Mallarmé que pone la Nada en
el lugar del logos[2]. «Para definir el arte o cualquier otro concepto, antes debemos responder a una pregunta más amplia: ¿Cuál
es el significado de la vida del hombre en la Tierra? Tal vez
estamos aquí para elevarnos desde un punto de vista espiritual.
Si nuestra vida tiende al enriquecimiento espiritual, entonces el
arte es uno de los modos de alcanzarlo» (Diálogo entre Donate-
lla Baglivo y Andrei Tarkovsky en el documental «Un poeta en
el cine» Baglivo, 1984). Se puede ver aquí que hay una necesidad de logos, de significado, de racionalidad (no de racionalis-

---

1. NIETZSCHE, F., *Cinco prólogos sobre cinco libros no escritos* (*Fün Vorreden
zu fün ungeschriebenen Büche*rn, NW), Vol. III/2, p. 254.
2. «En un cuento breve, intitulado Un lugar limpio, bien iluminado, Er-
nest Hemingway (1899-1960) ponía en los labios de un camarero español una
oración nihilista: "Nada nuestra que estás en la nada, nada sea tu nombre tu
reino la nada, nada sea tu voluntad nada en nada como en nada. Danos esta
nada nuestra nada cotidiana y nadéanos nuestra nada como nosotros nadeamos
nuestras nadas y no nos nadees en la nada, más líbranos de la nada; pues nada.
Salve, nada llena de nada, la nada esté contigo"». Cfr., MARIANO FAZIO, *Desafíos
de la cultura contemporánea para la conciencia cristiana*, ed. Promesa, San José,
Costa Rica, 2006, p. 33.

mo) que es anterior al arte. El arte es necesario, pero hay algo más amplio: el sentido. Y el arte es una forma de responder, es tipo de respuesta. Respecto a la más bella de las artes –la música– se ha dicho mucho, y a veces se la ha valorado en demasía. El arte no puede estar por encima de la metafísica, pues lo bello es bello porque es. «No son bellas las cosas por nuestro decir, ver y teorizar, sino que siendo bellas, motivan nuestro ejercicio estético. Lo bello resulta ser algo en el ente o el mismo ente»[3].

Pero la metafísica sola no puede juzgar la belleza del ser, pues no debe olvidar que el ser se dice de muchas maneras, y que, por lo tanto, necesita de otras disciplinas. Ahora bien, resulta que hoy día no pasa esto precisamente, sino más bien lo contrario. Parece que son las otras disciplinas las que no cuentan con la metafísica para dilucidar quizá un eterno problema[4]. Lo que está claro es que la metafísica no va a erradicar el problema, pero hay que contar con ella para que el problema se haga más soluble. De este modo escribe Juan Pablo II en su célebre *Carta a los artistas*: «La belleza es en cierto sentido la expresión visible del bien, así como el bien es la condición metafísica de la belleza. Lo habían comprendido acertadamente los griegos que, uniendo los dos conceptos, acuña-

---

3. Lobato, A., *Ser y belleza*. Herder, 1964, p. 25. Alejandro Casona expresa con palabras más sencillas este pensamiento cuando dice que la belleza es la otra forma de la verdad.

4. El mero hecho de que el tratado de la belleza sea un eterno problema (se sobreentiende que llamar a la belleza el eterno problema no hay que entenderlo de modo literal, pues la belleza más que un problema es un misterio) da ya las suficientes pistas para no dudar que la metafísica todavía tiene algo que decir, pues está en la esencia de la metafísica el versar sobre los problemas de siempre, no porque los temas de los que trata no tengan solución, sino por ser tan inmensos en sus contenidos que no cabe acotarlos nunca. El día en que se deje de hablar de la verdad, del bien, o de la belleza, será porque se habrá topado con ellos, y en adelante, serán ellos los que juzguen al hombre.

ron una palabra que comprende a ambos: *kalokagathia*, es decir, belleza-bondad. A este respecto escribe Platón: "La potencia del bien se ha refugiado en la naturaleza de lo bello"»[5].

2. Lo misterioso de la música y el exilio en ella del genio

Nadie puede dudar que la música tiene un poder de acceso a lo real que quizá hoy la metafísica –salpicada por el imperio tiranizador del relativismo– tristemente no consigue obtener pero que, sin duda, tiene. El lenguaje musical posee un fuerza seductora que no hay que esquivar, pero sí ordenar y colocar en su sitio. Aun así, es necesario admitir la sentencia que Platón concede a la esfera de la belleza, y que bien se podría decir de la música: «Son difíciles las cosas bellas»[6]. Y esto no es una simpleza. Admitir su dificultad es una actitud demasiado realista para ser el primer idealista, como precipitadamente se ha podido etiquetar no pocas veces a Platón.

La fuerza de la música sobrecoge, entristece, hace reflexionar, paraliza, conmueve, interioriza e incluso anima el espíritu y penetra en él aún más que otras artes. Pero frente a ella el hombre debe tener también un señorío. Quizá este señorío sobre la música no lo cultivaron sus mejores prisioneros, y es que algunos no pudieron dejar de someterse al poder embriagador de Terpsícore, o al canto de las Sirenas. La música nos ayuda a conocer la realidad, pero no es el nivel superior de acceso a ella. Esta sentencia tan atre-

---

5. JUAN PABLO II, *Carta a los artistas*, Vaticano, 4 de abril 1999, Pascua de Resurrección. Justamente, esta unión de conceptos, *kalokagathia*, es separada por Nietzsche. Ver al respecto *La vocación artística al servicio de la belleza*, DAVID ARMENDÁRIZ, en *La belleza que salva*, MARÍA ANTONIA LABRADA (Ed.), Rialp, Madrid, 2006, pp. 54 y ss.

6. PLATÓN, *Menon*, 96 B.

vida –lo admito– no fue consentida por dos grandes pensadores románticos: F. Nietzsche y R. Wagner. Se puede decir que ambos pensaban como pensaba otro romántico: «Cuando las personas se pelean por problemas inventados o juegan un juego desesperado de ingenuidad o inventan en su soledad de ideas, que como los hombres con armas de las leyendas se consumen de pena, –oh, entonces yo cierro mis ojos ante toda guerra en el mundo y me retiro tranquilamente al país de la música como país de la fe, donde todas nuestras dudas y nuestros sufrimientos se pierden en un mar sonoro–, donde olvidamos todo el graznido de los hombres, donde ningún parloteo ni palabrería, ningún embrollo de letras y ninguna escritura jeroglíficamente monstruosa nos marea, sino donde todo el miedo de nuestro corazón se cura de repente a causa de un suave roce»[7].

En estas bellas, pero quizá traicioneras letras, se puede reflejar a ambos pensadores, pues, tanto Nietzsche como Wagner se exiliaron al *país de la música*, uno por no soportar la realidad del mundo, y otro, por una exaltación del yo-mi-obra en el afán desmesurado de sistematizar el universo con la música; uno por ver en él la embriaguez del sueño y el éxtasis eterno, y otro, por identificar el mundo con su propia música; uno por creerse un dios

---

7. WACKENRODER-TIECK, *Phantasien über die Kunst*, Stuttgart, 1973, p. 65. La influencia de Wackenroder en la estética musical del romanticismo ha sido decisiva. No sería justo aquí resumir en pocas palabras su concepción del arte, aunque sí se puede dar alguna pincelada, pues no cabe duda que también inspiró a nuestros protagonistas. Se podría decir en última instancia que para Wackenroder existe una contraposición entre el «lenguaje de las palabras, que no alcanza a captar lo invisible que se cierne entre nosotros, y el lenguaje de la naturaleza y del arte, que pueden hablar de modo espontáneo. El primero corresponde a Dios, el segundo únicamente a unos pocos elegidos entre los hombres. (…) [el arte] es una fuerza maravillosa propia del corazón del hombre» Cfr., BEHLER, E., *Wackenroder y la concepción musical del primer romanticismo*, en *Anuario Filosófico*, 29 (1996), pp. 32 y ss.

tras haberle matado con una voluntad ciega de poder y, por tanto, con «creaciones» superiores; otro, por pensar que el sentimiento es infinito y universal.

Nadie duda de la gran capacidad de ambos genios. Y es que los genios no tienen fecha, sus escritos y sus influencias lo demuestran. Pero tampoco se le puede dar rienda suelta al genio. A veces un genio, en sus aires de grandiosidad puede pecar de ingenuo. A mi entender ambos lo hicieron. Uno, por intentar matar a Dios[8] con el canto de las Sirenas, criaturas al fin y al cabo (he aquí el grado de ingenuidad más alto posible); otro, por acotar lo inabarcable en una *Tetralogía*. La ambición no es mala, pero el sinsentido es nefasto. Ambos lo incentivaron.

8. Una idea que el propio Nietzsche no la toma literalmente. Matar a Dios es para el pensador deshacerse de la ilusión que siempre ha dominado la cultura occidental, la de pensar que existe un Dios, y además, un Dios que promueve las valores apolíneos, opuestos a la misma propuesta nietzscheana: los valores dionisiacos. Nietzsche lo dice así: «¿No habéis oído de aquel hombre loco que encendió una linterna en la clara luz de la mañana, corrió al mercado y se puso a gritar: ¡Busco a Dios, busco a Dios! Y, ya que allí se encontraban reunidos muchos de los que no creían en Dios, provocó grandes risas: ¿Se ha perdido? , dijo uno. ¿Se ha extraviado como un niño?, apostrofó otro. ¿O está bien escondido? ¿Tiene miedo de nosotros? ¿Se ha embarcado? ¿Ha emigrado? –gritaban y reían con gran alboroto. El hombre loco saltó en medio de ellos y los traspasó con su mirada: ¿Adónde se ha ido Dios? –gritó–. ¡Os lo diré! Nosotros lo hemos matado. Vosotros y yo. Todos nosotros somos sus asesinos». NIETZSCHE, F., *Die fröhliche Wissenschaft*, Kritische Gesamtausgaben, 1973, Bd. VI/1, n. 125, pp. 158-159 en *Finitud y trascendencia. La existencia humana ante la religión*, LUIS ROMERA OÑATE, Cuadernos de Anuario Filosófico, Serie universitaria, 167, Pamplona, Universidad de Navarra, 2004, p. 37.

3. La verdadera tragedia: la hegemonía de la voluntad frente al entendimiento. Dolor, juego y creación

La fascinación de Nietzsche por Wagner[9] se inicia cuando un íntimo amigo de Nietzsche –Erwin Rhode– descubre el talento de Wagner y le habla de su existencia: «voz de un profeta que en la oscuridad de los tiempos anuncia la existencia de una vida mejor. Una verdadera revolución del significado íntimo de la música»[10]. Cualquiera que oyera estas palabras de E. Rhode podría pensar que más que en Wagner se trata del propio Nietzsche. Pero tal descripción, válida para ambos personajes, pronto advertiría una grieta que terminará por separar definitivamente a ambas personalidades. Tal grieta la formula el mismo Nietzsche en *Nietzsche contra Wagner* así: «No habrá que dejar lugar a dudas ni sobre Richard Wagner ni sobre mí: somos antípodas».

Según Nietzsche, «(...) el fenómeno de la Voluntad, con su escala de sensaciones agradables y desagradables, alcanza en el desarrollo de la música una expresión simbólica cada vez más adecuada, y paralelamente a este proceso histórico se desarrolla el esfuerzo de la lírica para expresar la música en imágenes»[11]. La idea de Nietzsche, siguiendo el hilo de la cita, es que la música debe mediar en su papel de ensalzar el drama, la tragedia

9. En lo referente al primer contacto de Nietzsche con la obra de Wagner se ha dicho que acaeció en la primavera de 1861, de la mano de su amigo Gustav Krug. Y el primer encuentro tuvo lugar en la noche del 8 de noviembre de 1868. Cfr. *Nietzsche como artista*, Lluís Pifarré, PPU, Barcelona, 1996.
10. Cfr., Aldo Oberdofer, *Wagner*, Editorial Aster, Lisboa, 1963, p. 314.
11. Nietzsche, F., *Sobre la música y la palabra*, (1872), traducido por Eduardo Ovejero y Mauri, Aguilar, Buenos Aires, 1951, tomo I, pp. 203-204, cita sacada de *Interpretación heideggeriana de la estética musical de Nietzsche*, Fernández, Mª S., en *La realidad musical*, Juan Cruz Cruz (Ed.), EUNSA, 1998, p. 562.

como forma propia y «lógica» del ser humano. La música sería expresión misma de la tragedia, aunque más que expresión sería su cosmovisión de la vida, que es esencialmente tragedia. Al respecto dice Steiner: «El ensayo de 1873 sobre "la filosofía en la época trágica de los griegos" confirma la concordancia nietzscheana de la tragedia griega con la música y con el ideal de la *Gesamtkunstwerk*, la "forma de arte total" como se encarna en el Bayreuth de Wagner»[12].

Justamente, la tragedia fue la forma de vida que adoptó Nietzsche[13]. Esto le llevó a adaptarse al pesimismo vital que consistió

12. STEINER, G., *Lecciones de los maestros*, Siruela, Madrid 2003, trad: María Condor, p. 110.

13. «Dolor continuo, durante diversas horas al día un sentido de semiparálisis muy semejante al mareo que me dificulta hablar; como alternativa, ataques feroces (el último me obligó a vomitar durante tres días y noches, anhelaba la muerte). ¡No poder leer! ¡Escribir, muy raramente! ¡No tratar a nadie! ¡No poder oír música! Estar sólo y pasear, aire de montaña, dieta a base de huevos y leche. Todos los medios interiores para atenuar la enfermedad se han mostrado inútiles; no tengo necesidad de nada. El frío me es muy dañino». F. NIETZSCHE, *Brief an Otto Eiser. Anfang Januar 1880*, Sämtliche Briefe, Kritische Studienausgabe in 8 Bänden, Hrg von G. Colli und M. Montinari, Dtv, München 1986, Bd. 6: Januar 1880-Dezember 1884, p 3-4, en L. ROMERA OÑATE, *Finitud y trascendencia*, o. c., p. 30. Quizás toda la filosofía de Nietzsche sea un intento de superar el dolor y la soledad (en ello estriba también la doctrina budista, muy cercana a él como se ve en la doctrina de A. Schopenhauer), pero superando también al cristianismo como lo hace ver L. Romera: «La afirmación de la vida que Nietzsche anhela, sin recurrir a una instancia trascendente, conduce a la necesidad de una defensa de la vida frente a la problematicidad del dolor (a una bio-dicea que substituya la teodicea) y a una divinización de ella ante el problema de una finitud que no remite a un Infinito trascendente. Para ello, considera imprescindible superar el cristianismo, volviendo de algún modo la mirada hacia comprensiones paganas en las que aparece una exaltación de la vida, en las que poder inspirarse». L. ROMERA OÑATE, *Finitud y trascendencia. o. c.*, pp. 48-49. Este problema del sufrimiento también lo asume Heidegger, pero lo deja en el ámbito del misterio, del enigma «La muerte se retrae en lo enigmático. El misterio del sufrimiento permanece oculto». *Wozu Dichter?*, en

en ahogar toda forma de esperanza. Esta fue la triste máxima nietzscheana, pero convirtiendo a la vez este lógico pesimismo en optimismo, un optimismo que procedía de la voluntad creadora, cuya criatura antimetafísica fue destruir toda esperanza, dar jaque mate al fundamento. En última instancia, su objetivo consistió en pregonar la muerte de Dios. Pero ¿por qué esto es optimismo? Es optimismo porque el hombre que se hace cargo de la muerte de Dios es aquél que piensa que nunca ha existido, y que, por lo tanto, la historia de Occidente ha sido una mentira, una farsa. Como a Dios siempre se le ha atribuido el papel de creador, y según Nietzsche, nunca existió, ahora el auténtico creador es quien afirma su muerte, ése es el que puede crear y ponerse, por tanto, a la altura de Dios, al modo de un *superhombre*. La tarea del superhombre consiste en crear, y ese poder sólo le compete a los artistas. El artista es el superhombre, una especie de niño –«La imagen del niño que juega es la del superhombre. Desde la vida como tendencia (imagen del camello) al superhombre (imagen del niño). El salto consiste en aceptarse a sí mismo como tendencia. La voluntad, al querer el necesitar lo asume como puro tender; entonces se puede decir que se está en la necesidad prescindiendo de lo necesario»[14]–, donde la inocencia y el olvido acontecen para siempre. Inocencia porque en él es imposible que caiga la culpa de nada, no se le puede imputar nada; olvido, porque los antiguos valores ya no tienen alcance, y, por tanto, hay que empezar de nuevo sin contar con la tradición[15], hay que crear. El artista, el

Holzwege, p. 274, también en ROMERA OÑATE, L., *Finitud y trascendencia, o. c.,* p. 54.

14. LABRADA, M. A., *Estética*, EUNSA, Pamplona, 1998, p. 120.

15. Quisiera poner aquí de relieve el pensamiento que Juan Pablo II otorga al peso de la tradición. En este contexto, bien se podría denunciar este olvido tanto a la filosofía de Nietzsche como al pensamiento de Wagner, al igual que a gran parte de la filosofía moderna: «En el rico humus de la tradición se alimenta

músico lo que hace es fundamentalmente crear, jugar. Pero un juego que consiste en ganar siempre porque las normas las pone no el juego mismo, sino el que juega, el creador, su *voluntad curvada*[16] hacia sí mismo porque juega sólo, pues ¿quién jugaría contra alguien que impone sus propias normas? Esta es la aspereza del superhombre: la soledad. «Ya arriba, me encuentro siempre solo. Nadie me habla. El frío de la soledad me hace tiritar», nos dice en *Así habló Zaratustra*. Está en la esencia del juego –del mal juego, el juego desordenado– el des-decir, el vedar el *logos*, el quitar todo lo relativo a las normas. Y quien más juega es el niño, donde el *logos* todavía no se ha actualizado. Por eso el niño juega, canta, pero con una música siempre fuera de toda norma, fuera de toda letra, fuera de toda composición. El niño canturrea, canta alocadamente, «crea» porque no acepta el mundo, sino su mundo. Propiamente hablando no habría mundo en el niño, sino perimundo, no *welt*, sino *unwelt*. Esta *noche del mundo* también la trató Heidegger en su *Wozu Dichter?*[17].

la cultura, que cimenta la convivencia de los ciudadanos, les da el sentido de ser una gran familia y presta apoyo y fuerzas a sus convicciones. Nuestra gran tarea, especialmente hoy, en este tiempo de la llamada globalización, consiste en cultivar las sanas tradiciones, favorecer una audaz armonía de la imaginación y del pensamiento, una visión abierta al futuro y, al mismo tiempo, un afectuoso respeto por el pasado. Es un pasado que perdura en los corazones humanos bajo la expresión de antiguas palabras, de antiguos gestos, de recuerdos y costumbres heredados de las pasadas generaciones». JUAN PABLO II, *Levantaos, vamos*. Plaza Janés. Trad: Pedro Antonio Urbina Tortella. p. 156.

16. Expresión que usa POLO L., en *Presente y futuro del hombre*, ob. Cit., pp. 77-78.

17. «La noche del mundo extiende sus tinieblas. La época del mundo se caracteriza por la falta de Dios, por la ausencia de Dios (…). La ausencia de Dios significa que ya no hay ningún Dios que, visible y claramente, reúna a los hombres y las cosas y que, desde esta reunión, disponga la historia del mundo y la permanencia de los hombres en ella». HEIDEGGER, M., *Wozu Dichter?*, en Holzwege, p. 269, en ROMERA, L., *Finitud y trascendencia*, o. c., p. 55.

En *El nacimiento de la tragedia* Nietzsche dibuja las notas distintivas entre lo apolíneo y lo dionisíaco. Como es bien sabido, Apolo es el dios de la razón, de la armonía, de la proporción, de la mesura, de la luz, del canon y la norma. Dionisios, por contraste, es el dios de la orgía, de la borrachera, de la desmesura, de las tinieblas, del caos y el azar. El origen de la tragedia en la cultura Occidental consistió para Nietzsche en que esta dicotomía favoreció de modo tajante a los valores propuestos por el dios del orden y la razón. Tal distinción sitúa a Wagner, desde la óptica nietzscheana, en la cultura dionisiaca, pues la música wagneriana, en un primer momento, mostró dar luz al mito trágico, propio de las primeras obras de Wagner, donde lo fantástico se antepone a lo razonable, donde lo dionisíaco se alza contra Apolo, donde la voluntad se impone su propia dirección sin contar con la luz del intelecto, ese marciano que no deja libre a los auténticos espíritus. De hecho, ésta es la razón por la cual Nietzsche piensa que el arte está por encima de la verdad, pues son los sentimientos —manejados por los lazos de Dionisios— quienes están situados en el nivel superior de las facultades humanas, en vez del entendimiento. He aquí la causa de toda trasmutación moral. Cuando es la voluntad quien rige todo impulso, cuando es la acción en vez del verbo el principio, no hay crisis semejante que la iguale. De ahí la famosa sentencia: «Conozco mi destino. Mi nombre se asociará algún día con el recuerdo de algo prodigioso, con una crisis como no ha existido nunca sobre la tierra, con la colisión más profunda de la conciencia, o un veredicto evocado contra todo lo que se ha creído, pretendido, santificado. Yo no soy un hombre, soy dinamita»[18]. Ya no es

---

18. NIETZSCHE, F., *Ecce Homo. Warun ich ein Schicksal bin*, Kritische Gesamtausgabe, Hrg von G. Colli und M. Montinari, Walter de Gruyter, Berlín 1969, Bd. VI/3, p. 363, en ROMERA OÑATE, L., *Finitud y trascendencia.*, o. c., p. 28.

lo real (lo bello) quien provoca el juicio estético, sino el arte quien anuncia un nuevo mundo, una nueva realidad. Ser consciente de esta trasmutación y seguirla es el comienzo de la crisis. La mecha ya está encendida y no es fácil volver atrás. Nietzsche «(...) habla del arte como algo que justifica la realidad: "Sólo como producto estético puede justificarse el mundo ante la eternidad"»[19].

Cuando esto acaece, cuando la voluntad se impone y se revela hegemónicamente contra la inteligencia, se vive en tinieblas. Este apagón de luz por la ausencia de la razón[20] es aprovechado por aquellos ciegos, a los que ya acostumbraron a pegarse golpes contra las paredes, y donde el dolor, no es que desaparezca, sino que se asume por haberse acostumbrado a vivir con él. Esta conciencia de finitud sin trascendencia, sin luz es la actitud nietzscheana que quizás

---

19. TAYLOR, CH., *Fuentes del yo*, Paidós, Barcelona, 1996, p. 466. Cito otro fragmento de la misma obra de Taylor donde se ve con más nitidez aún la misma idea: «*En una civilización como la nuestra, moldeada por concepciones expresivistas, el arte se ha situado en un lugar central de la vida espiritual reemplazando en algunos aspectos a la religión. La reverencia que sentimos ante la originalidad y la creatividad artísticas coloca el arte al borde de lo sobrenatural, y refleja el lugar crucial que ocupa la creación/expresión en la comprensión que tenemos de la vida humana*», p. 397.

20. Dicho apagón de la razón trasladado al terreno artístico ha sido también denunciado por Adorno, quien afirma que la reflexión artística es un *noesis noeseos*, en la que se manifiesta ulteriormente una racionalidad. A mi entender no se puede ver esta idea al modo hegeliano, es decir, como si la filosofía fagocita el momento del arte en una superación del espíritu, del *Geist*. Pienso, al contrario, que este es el modo donde se puede dar cierta simbiosis entre la filosofía y el arte, pero nunca como anulación de una en provecho de otra, es decir, no como superación sino que es ahí precisamente, en la racionalidad, donde mejor se sitúa el arte. «La genuina experiencia estética tiene que convertirse en filosofía o no es absolutamente nada». ADORNO, T. W., *Ästhetische Theorie*, Gesammelte Schriften, Franfurt, vol. 7, p. 197 en *Un modelo para la filosofía desde la música. La interpretación adorniana de la música de Schönberg*, ARMENDÁRIZ, D., Pamplona, EUNSA 2003, pp. 230-238.

busque una música pura[21] –sin palabra, sin logos– para descansar de la dureza de la vida. Una música que cree un mundo que tenga la fuerza de soslayar la realidad, una música así deja de ser acceso a lo real, y se convierte en ficción, en sueño de la razón: hacer mito lo real. Pero esto mismo ya lo profetizó san Pablo cuando decía *Cerrarán sus oídos a la verdad y se volverán a los mitos* (2 Tim, 4, 4).

4. La ambición del genio: el inicio de la ruptura

En las primeras obras de Wagner, Nietzsche observa una gran luz para la música. De hecho, llegó a decir de Wagner: «(él) ha dado a los alemanes de este siglo el más grande presentimiento de lo que un artista puede ser: el respeto por el artista ha tomado a menudo proporciones grandiosas; sobre todo ha suscitado nuevas apreciaciones de valores, nuevas codicias, nuevas esperanzas; y tal vez el carácter puramente anunciador, fragmentario e incumplido de sus creaciones ha estado para muchos en esta influencia. ¡Quién no ha aprendido de él!, ¡Quién no se ha instruido con su contacto!»[22].

---

21. Nada más contrario al pensamiento hegeliano, al que al texto se le da una importancia vital. De hecho, Hegel dirá, que «En el texto ha de haber un contenido verdadero, si no, se pierde el arte entero del compositor». HEGEL, G. W. F., *Extracto de los cursos de estética impartidos en Berlín en 1828/29, según el manuscrito de Karol Libelt* (trad. Yolanda Espiña), en Anuario Filosófico, 29 (1996), pp. 215 y ss. Sin embargo, esta sed de la música pura es para algunos la explicación de todo concepto, es algo anterior como, por ejemplo muestra Mallarmé: «El canto surgió de fuente innata, anterior a todo concepto, de modo tan puro como para reflejar en el exterior mil ritmos de imágenes». Carta a Charles Morice, en MONDOR, Propos sur la poésie, París, 1946, p. 164, en JUAN PLAZAOLA, *Introducción a la estética. Historia, teoría y textos*, 3ª edición, Universidad de Deusto, 1999, p. 368.

22. HEIDEGGER, M., *Nietzsche*, 104-105.

Tal era el deseo de Nietzsche, pero ante tal proyecto, intervino la fuerza de la ópera. Para Nietzsche la ópera no es más que el dominio de Apolo en la música, la ópera será la gran tragedia de la Música, la muerte de Dionisio en el arte y en la realidad musical. El acceso de la palabra en la música es para Nietzsche su propia muerte. Así se percató del cambio sufrido en R. Wagner, su amigo traidor. «Habiendo ya definido lo apolíneo en oposición a lo dionisíaco, debemos aquí refutar por falsa la idea de que la imagen, el concepto, la apariencia tenga la virtud de engendrar sonidos»[23]. La ópera es para Nietzsche una precipitación del espíritu alejandrino, «(...) típica creación del hombre teórico, del aficionado crítico, y no del verdadero artista, en la que se establece una artificial e inadecuada asociación de la música, la imaginación y las palabras (...).

» La ópera no puede, por tanto, ofrecernos el sentido del dolor elegíaco de la naturaleza, sino solamente el goce fácil de un mundo idílico (...)»[24].

La vida de Wagner (1813-1883) es, hasta cierto punto, muy similar a la de Nietzsche. Huérfano de pequeño fue adoptado por L. Geyer, un actor de teatro. Su infancia la pasó cerca de los escenarios, del mundo de la representación, impregnándose poco a poco de la vecindad del arte, de los artistas, de la imagen y de la música. Estudió Estética y Filología. Fue autodidacta, aunque siempre tuvo como referencia clave a Mozart, Beethoven y Weber. Sus primeras obras muestran un gusto por lo mitológico, por el mundo desconocido de lo fantástico y legendario. De aquí la aparición de *Las hadas*. En 1834 comienza a dirigir la música del tea-

---

23. NIETZSCHE, F., *Sobre la música y la palabra*, o. c., pp. 204-205, cita sacada de *Interpretación heideggeriana de la estética musical de Nietzsche*, FERNÁNDEZ, Mª S., en *La realidad musical*, o. c.
24. PIFARRÉ, Ll., *Nietzsche como artista*, ob., cit., pp. 175-176.

tro de Magdeburgo. Cinco años más tarde viaja a París –su eterna ambición– pero fracasó por incomprendido. En 1842 consigue ser músico de la corte en Dresde tras haber triunfado con *Rienzi*, y un año después es nombrado director de la orquesta real. La visión de la música para Wagner es una de las más ambiciosas de la historia. Wagner buscó en ella una nueva forma de ver el mundo. Quiso plasmar en su *Tetralogía* (1850) una concepción sistemática del mundo. Por eso dirá que en la música, la idea del mundo se revela a sí misma. Lo que manifiesta no es su visión del mundo, sino el mundo mismo, en el cual se alternan dolor y alegría, bienestar y tristeza[25].

En su afán totalizador, un arte colectivista o de masas, Wagner codicia un nuevo espíritu alemán[26], un nuevo pueblo «mediante la resurrección de una comunidad mítica»[27], pero este universalismo[28] –monumentalismo– esconde sibilinamente un nominalismo estético, tal como lo percibió Adorno[29], pues la técnica del *leitmo-*

---

25. Cfr., WAGNER, R., *Dichtungen und Schriften. Jubiläumsausgabe in 10 Bänden*, ed. Dieter Borchmeyer, Frankfurt, 1983, vol. 9, p. 81.

26. «(…) algunos pasajes en Wagner hacen sentir verdaderamente la fuerza de la idea de que la música es una imagen directa de la voluntad. Pero todo esto iba en ayuda, no de un escape de la voluntad, sino de una nueva reforma de la cultura y la política alemanas. Había que rehacer el mundo; había que hacer la vida significativa una vez más. Se transfiguraría a través de la tragedia». TAYLOR, CH., o. c., p. 466.

27. Cfr., ARMENDÁRIZ, D., *Un modelo para la filosofía desde la música. La interpretación adorniana de la música de Schönberg*, o. c., pp. 127 y ss.

28. Efectivamente todo el universalismo que expresa la música wagneriana no sólo se refiere a su afán totalizador, al nuevo espíritu alemán mediante la resurrección de una comunidad mítica, sino que se remonta a la influencia de la filosofía de Herder, donde el ritmo no es sólo un fenómeno individual, sino colectivo. Cfr., LEWIS ROWELL, *El tiempo en las filosofías románticas de la música*, en *Anuario Filosófico*, Universidad de Navarra, 29 (1996), pp. 157 y ss.

29. Cfr., ADORNO, T., *Philosophie der neuen Musik*, Gesammelte Schriften, Frankfurt, vol, 12, p. 60.

tiv, aquella que postula un tema a través de un personaje, va de
bruces hacia el olvido, pues su ser estaría estancado en un recordar
donde el tiempo no perdona.

Wagner no quiere poner un límite a la melodía, todo es melodía, incluso las pausas. Con ello pensaba que estaba llegando a la
esencia del mismo mundo. En su obra, mundo y música coincidían,
o al menos, ese era su objetivo, tal era su arrogancia. También quiso una nueva fe que se enraizaba en la mitología[30] nórdica, que se
insertaba en el amor y el pesimismo. Este fue otro objetivo que se
señaló con su obra, el de buscar una redención[31] a través del amor.

Estos grandes sobresaltos –muy característico de todo artista que
no reconduce su obra al verdadero Artista, al verdadero Creador–,
junto con las idas y venidas, el choque desestabilizador entre éxito
y fracaso provocaron que su tan añorada *Tetralogía* viniese más

---

30. La mitología aquí tratada hace referencia a ese deseo romántico
de lo infinito, de lo absoluto representado en lo finito. Esta capacidad atri-
buida únicamente al *genio* –término usado con mayor predominio en el
romanticismo–, hace que, al darse cuenta de su incapacidad, aparezca otro
término: el desgarramiento. «El romántico puro vive en el desgarramiento, en el puro devenir, pero es un devenir como desarrollo, es una subida,
una ascensión». Espiña, Y., Presentación al volumen 29 (1996) de *Anuario
Filosófico*, o, c., p. 14, volumen dedicado a la Estética musical del romanticismo.

31. Redención que difiere de la «redención» de la que habla Juan Pablo
II en su *Carta a los artistas*: «(…) el artista se hace de algún modo voz de la
expectativa universal de redención. En Wagner el sujeto de la redención, –el
amor–, es un amor en minúscula, un amor humano que es incapaz de lograr
una redención universal, pero, sin embargo, para los creyentes esa redención
universal es posible cuando el sujeto se cifra en términos mayúsculos». Lo
que se sugiere en la *Carta a los artistas* es, a mi modo de ver, que el auténtico
artista, el que se sabe imagen del único creador, puede con su arte vislumbrar,
suscitando admiración, lo que de eterno y bello tiene este mundo para que el
hombre pueda llegar a percatarse y participar de esa eternidad a la que de algún
modo es llamado.

tarde retractada por otra obra[32]: *Parsifal* (1879). Mientras que en la primera pretendía una religión mitológica, anticristiana, basada en valores que pronto verían su encarnación en el superhombre de Nietzsche; *Parsifal*, por el contrario, intentaba reconciliar dos posturas en sí mismas incongruentes: el panteísmo y el cristianismo.

Wagner ve en el panteísmo la omnipresencia de Dios, la acción divina en el cosmos que no conoce alteridad entre lo finito y lo absoluto; mientras observa que el cristianismo es esa presencia de Dios en el alma del hombre. Tal concepción hace plasmar en su obra un personaje frágil –inaccesible para Nietzsche– que es capaz de implorar por las heridas de un cisne. *Parsifal* se compadece por todo, y la compasión no es propia de la nueva cultura que propone Nietzsche[33]. *Parsifal* vendría a ser para Nietzsche la muerte del verdadero espíritu romántico.

Algunos han visto en *Parsifal* una conversión cristiana de Wagner, pero no parece que sea así. Bien es verdad que Wagner realizó en su última época algunos esquemas de ópera sobre la vida de Cristo, pero esto, por desgracia, tan sólo fue el boceto de una auténtica conversión que no culminó. De hecho, el mismo Wagner dirá: «Se ha ido demasiado lejos haciendo del *Parsifal* una figura del Salvador. Yo no pensé en absoluto en el Salvador»[34].

---

32. Como es lógico entre 1850 y 1879, Wagner compone varias obras más, como *Die Walküre, Tristán, Die Meistersinger*, entre otras, cuyos análisis nos ayudarían más a profundizar sobre la evolución de su obra, pero que ahora no interesa por razón de espacio.

33. Aquí se puede decir que se inicia la separación de aquella amistad, pero fue una separación que ya antes se había incoado cuando Nietzsche se enteró que Wagner había escuchado una pieza musical del propio Nietzsche, *La noche de San Silvestre*, y que no pudo contener su desagrado. «Hondamente afectado se refugia provisionalmente en las montañas de los Alpes suizos, iniciando con ello su andadura de solitario y errante fugitivo». Pifarré, Ll., *Nietzsche como artista*, o. c., p. 33.

34. *Diario de Cósima Wagner*, Piper Verlag, Munich, 1976.

La visión nietzscheana de la música es similar a la del primer Wagner, tanto como se parecen sus propias vidas. Nietzsche nació en Röcken (Prusia) un 15 de octubre de 1844. Estudió filología clásica en la Universidad de Bonn y Leipzig. En 1869 es nombrado profesor de filología griega en la Universidad de Basilea. Todo el pensamiento del filósofo –yo diría del filólogo, o mejor, anti-filólogo[35]– estuvo en sintonía con su vida. De hecho no cabe comprender su obra sin contar con lo que fue su vida. En el mismo año en el que muere Wagner, le es negado a Nietzsche lo que más quería: una mujer llamada Lou Andreas Salomé[36]. Este fracaso amoroso le afectó tanto en vida como en obras. En 1889 llega a poseer una locura clínica, un estado de estupidez mental que le acompañarán hasta su muerte en Weimar en agosto de 1900. Durante este periodo (1889-1900) Nietzsche es acogido por su hermana Elisabeth Förster.

Nietzsche no puede permitir la función representacional de la música, tal como parecía en Wagner. He aquí el origen de la enemistad entre ambos genios. Querer ayudar a la música con un lenguaje conceptual es el gran error de Wagner que Nietzsche no pudo perdonar[37]. En la primavera de 1871 Nietzsche escribe *Acerca de la Relación entre Música y Lenguaje*, donde expresa la idea de que

---

35. Cfr. PIFARRÉ, Ll., *Nietzsche como artista*, o. c., pp. 76 y ss.

36. La despedida radical de Lou Salomé a Nietzsche le llega en forma de poesía, titulada *Oración a la vida*:
«Como ama un amigo al amigo/así te amo yo, vida enigmática,/haya gritado de júbilo o llorado por ti,/me hayas proporcionado alegría o dolor».

37. Por eso sentencia –con su singular estilo literario y expresivo hablando de la muerte de Dios, pero que bien podríamos aplicar al tema que nos ocupa–: «La razón en el lenguaje: ¡Oh que vieja hembra engañadora! Temo que no vayamos a desembarazarnos de Dios porque continuamos creyendo en la gramática...». NIETZSCHE, F., Götzen-Dämmerung, en Nietzsche Werke. Kritische Gesamtausgabe, vol. VI-3, Colli, Giorgio; Montinari, Mazzino (Hrsg), Walter de Gruyter &Co., Berlin, 1969, p. 73.

la palabra sólo significa, y la música, que es el nivel más alto de la esfera de realidad, no puede abarcarse por un *logos*, por una palabra[38]. Sólo «un impulso proveniente de una esfera completamente distinta elige ese texto particular como una expresión metafórica de sí mismo»[39]. La ruptura de Nietzsche con Wagner es la ruptura de la música con la palabra, y con ello, también la ruptura con Platón, pues para éste *Cuando la voz llega hasta el alma, entonces, me parece, se da la formación en la virtud a la que hemos dado el nombre de música*. Para Nietzsche Wagner *flota y nada* en lugar de continuar. También piensa que Wagner ha optado por un cristianismo mentiroso, lleno de moralina, de concupiscencia y de desmayo[40]. Tal vez se podría pensar que el último Wagner, el Wagner de *Parsifal* haya encarnado el papel del *último hombre*[41] como le gustaba decir a Nietzsche, ese hombre ateo no consecuente, cuyo papel consiste en guiñar, un guiño que –al no dejar este símil cerrado en su hermenéutica, pues Nietzsche rebaja toda verdad a metáfora[42], y

38. Por esto dirá: «La música, de suyo y en sí misma, no es algo tan significativo para nuestro mundo interior, tan profundamente atractivo, que se puede tener por el lenguaje inmediato del sentimiento; pero su ancestral unión con la poesía le ha dado tal simbolismo al movimiento rítmico, a las variaciones de fuerza y volumen de los sonidos musicales, que nosotros ahora suponemos que habla directamente al mundo interior y que procede del mundo interior». Nietzsche, F., *Human, All Too Human*, I, 215, trad. R. J. Hollingdale, Cambridge University Press, 1986, 99.

39. Nietzsche, F., Kritisch Studienausgabe, ed. Giorgio Colii y Mazzino Montinari, Berlín, 1980, vol. 7, p. 365.

40. Cfr., Fernández, Mª S., *Interpretación heideggeriana de la estética musical en Nietzsche*, o. c., p. 566.

41. Papel que se contrapone al Superhombre. Para ver el análisis del *último hombre* Véase, Romera Oñate, L., *Finitud y trascendencia*, o. c., pp. 36-37; y también cfr., Cardona, C., *Olvido y memoria del ser*, EUNSA, Pamplona, 1997, p. 206.

42. Así piensa Nietzsche sobre la verdad. «Un ejército móvil de metáforas, metonimias, antropomorfismos, –brevemente, una suma de relaciones huma-

ésta siempre abre mundos interpretativos– quizá puede interpretarse como el papel del cómplice, un cómplice con el *logos*, a caso un *semilogos*, un cómplice de la palabra pero no de la vida.

Uno de los ataques más feroces que recibe Wagner de Nietzsche se encuentra en *Nietzsche contra Wagner*, cuando enardecido se desahoga así: «La conciencia más personal sucumbe al hechizo de la cantidad. ¿Sobre quién se logra, así, efecto? ¡Sobre la masa! Que es algo sobre lo que el artista aristocrático jamás debe lograr efecto. ¡Sobre los inmaduros! ¡Sobre los hastiados! ¡Sobre los morbosos! ¡Sobre los idiotas! ¡Sobre los wagnerianos!». Quizás no le falta tanta razón a Nietzsche, sí una mínima humanidad, cuando le reprocha el haber reducido su genio al juicio de la masa sin tener más ambición. Precisamente por esto Wagner es para Nietzsche el *último romántico*[43], el último hombre. Un cierto eco de dichos ataques se atisban también en *Ecce Homo*: «Me aburrí de un modo miserable con esa música que le llegaba a uno a la conciencia como mera niebla, una niebla en ocasiones armoniosa, en otras ni eso».

5. Lo que el genio olvida es la tradición. Empezar de cero es más propio de la divinidad que del genio

«El artista se ha convertido en un Dios creador», decía Herder en perfecta sintonía con Nietzsche y Wagner. La conversión –o mejor la aversión–, no deja espacio al Dios de los creyentes para realzar así al genio, donde una vez vencido el poderoso Rival –como

nas, potenciadas poética y retóricamente (…) y que tras un largo uso parecen a un pueblo sólidas, canónicas y vinculantes: las verdades son ilusiones de las que se ha olvidado lo que son: metáforas». NIETZSCHE, F. *Über Wahrheit und Lüge im aussermoralischen Sinne*, Kritische Gesamtausgabe, 1973, Bd. III/2, pp. 374-375, también en ROMERA OÑATE, L., *Finitud y trascendencia*, o. c., p. 29.

43. Cfr., NIETZSCHE, F., *Voluntad de poder*, af. 837.

concebía Picasso a Dios– ya no queda nada que superar. Todo está superado. Ahora comienza la segunda creación, la creación del artista, del superhombre, del genio.

Efectivamente, el legado de los dos no ha sido una comprensión, –que es quizá la raíz y el *ubi* desde donde poder crear–, sino una creación. Ambos crean sin comprensión, pues al querer partir de cero –uno con una re-fundamentación en la creación de nuevos valores con la consiguiente deconstrucción; otro, con el original retoque y la ambición de acotar una asíntota– intentan ser originales, pero olvidan que *la originalidad es la antítesis de la novedad*[44]. También se le podría reprochar lo que otro *sabio saboreaba*[45] cuando decía: «¿Queréis hacer obra intelectual? Empezad por crear dentro de vosotros un zona de silencio, un hábito de recogimiento, una voluntad de desprendimiento, de desapego, que os haga disponibles por entero para la obra; adquirís ese estado de ánimo, libre del peso del deseo y de la propia voluntad, que constituye el estado de gracia del intelectual. Sin ello, no haréis nada o, al menos, nada que valga la pena»[46]. Y un último reproche, esta vez directamente a la concepción nietzscheana de la música

---

44. STEINER, G., *Presencias reales*, Título original: *Real Presences*. Trad. Juan Gabriel López Guix. Ediciones Destino, Barcelona, 1991, p.42.

45. «Sabio es etimológicamente el que tiene un sabor, el de la sabiduría, y la sabiduría no es en realidad más que un sabor único que comprende la doble regla del pensamiento y de la acción». SERTILLANGES, A.-D., *La vida intelectual*, Encuentro, Madrid, 2003, p. 200. Efectivamente, si partimos de esta cita no se puede decir que Nietzsche tuviera el don de la sabiduría, pues quiso desembarazarse de todo sentido amparándose únicamente en la acción que emana de la voluntad de poder. En vez de optar por un saber único con doble regla, prefirió una única regla sin saber alguno, una regla que consistiera justamente en negar la regla. No pudo oír ni leer la *sabia* y sencilla sugerencia de T. MANN en *La montaña mágica*, «La música sola es peligrosa».

46. SERTILLANGES, A.-D., *La vida intelectual*, o.c., p. 6 (Prólogo a la segunda edición).

de la mano de Steiner: «Esta ruptura de la alianza entre la palabra
y el mundo constituye una de las pocas revoluciones del espíritu
verdaderamente genuinas en la historia de Occidente y define la
propia modernidad»[47], sabiendo que para Steiner, la modernidad
manifiesta el rechazo de la palabra –anunciando la era de la after-
word[48]– pero en la que se abre un nuevo prólogo, un nuevo pre-
facio en el que brota un nuevo libro pero que no comienza desde
el olvido, sino desde la semilla profunda y sabia de la tradición[49].
Esta proyección de restauración de un *logos*, de un dador de sentido –también en la música– al legado de la deconstrucción implica
el reconocimiento de que toda vocación no crea recursos, sino que
los explota, de que no se puede comenzar desde cero, pues en ese
caso nos identificaríamos con el ser divino, tal como pretendieron
estos genios, que confundieron rendir talentos con crear en el sentido fuerte de la palabra, creyeron –¿se lo creyeron?– la osadía de
que el hombre era Dios.

---

47. STEINER, G., *Presencias reales*, o.c., p. 118.

48. Ídem, p. 119. En otro libro, Steiner habla también del nombre de la
época que se está yendo, aquella que deja paso al nuevo prólogo: «Yo describiría
nuestra época actual como la era de la irreverencia. Las causas de esta fundamental transformación son las de la revolución política, del levantamiento social (la célebre "revelación de las masas" de Ortega), del escepticismo obligato-
rio en las ciencias. La admiración –y mucho más la veneración– se ha quedado
anticuada». STEINER, G., *Lecciones de los maestros*, ob., cit., p. 172.

49. Para recalcar aún más la importancia de la tradición –que como nos
recuerda E. D´Ors lo que no es tradición es plagio–, ese tejido de verdades,
quisiera traer a colación otra cita de Steiner: «Hace falta una marcada musica-
lidad de audición interpretativa, un oído para la sintonía temporal tal como la
encontramos en Coleridge, Walter Benjamin o William Empson, para registrar
con el tono perfecto la vida del tiempo y de la estructura en el interior de las
palabras. Hace falta escuchar con atención el poema, el diálogo dramático o el
pasaje descriptivo de la novela para espigar de la simple palabra o frase la cose-
cha de la historia anterior (…)». Ídem, pp. 192-193.

Capítulo III

El artista y el filósofo

1. Una tarea necesaria: rescatar lo espiritual en el arte

Para Kandinsky el arte que se reduce a mímesis no tiene proyección futura. Revivir las formas artísticas del pasado sin más es una actitud que no tiene horizontes ni visos de futuro. Sin embargo, del pasado sí que se requiere rescatar algo de suma importancia para el futuro, a saber, su parte espiritual, pues justamente lo espiritual es lo único que es capaz de superar el tiempo. El arte que se reduzca a ser hijo de su tiempo, es decir, que se deja arrastrar por la moda del momento es un arte castrado, dice con razón el pintor ruso. Hay pues una necesidad en el arte de trascender el tiempo, y esto se hace rescatando lo espiritual que toda obra auténtica de arte posee.

Kandisky tiene una máxima que se puede resumir en que: el arte por el arte no es auténtico arte. Tal máxima choca frontalmente con la tesis nietzscheana «el arte y nada más que el arte. ¡Es el que hace posible la vida!». Estas palabras de Nietzsche tienen su verdad aunque sólo sea una verdad parcial, pues no hay vida, al menos vida humana sin arte. Pero, al mismo tiempo, tal aforismo no puede dar razón de la vida. La vida es más que arte, engloba al arte, aunque el arte enriquece la vida.

L'art pour l'art es según Kandinsky la destrucción de los sonidos internos, que son la vida de los colores, la dispersión de las fuerzas del artista en el vacío. El arte por el arte es su propio verdugo. Hay un superar el momento en el arte, hay un algo espiritual que da salida a las verjas del tiempo. «La vida espiritual, a la que también pertenece el arte y de la que el arte es uno de sus más poderosos agentes, es un movimiento complejo pero determinado, traducible a términos simples, que conduce hacia delante y hacia arriba. Este movimiento es el del conocimiento. Puede adoptar diversas formas, pero en el fondo conserva siempre el mismo sentido interior, el mismo fin»[1]. El arte abstracto, no figurativo del pintor ruso quería, además de entrever una teosofía y una antroposofía, hacer una crítica cultural al positivismo, al materialismo y al utilitarismo desde la propia espiritualidad que encierra el verdadero arte. Pero no se conformó Kandinsky con ilustrar mediante una teoría sagrada de inspiración teosófica. «Su originalidad se basaba en haber sabido vertebrar una estrategia artística única a partir de este trasfondo espiritual, de manera que no solo renunciaba a toda representación de objetos cotidianos sino cada vez más a la mímesis de sus creencias neoreligiosas. En opinión del artista, la pintura espiritual nacía exclusivamente de una "sonoridad interna"»[2].

Es bastante admirable que Kandisky conciba al artista como servidor del hombre, nada más ajeno a la concepción que del artista tiene Nietzsche. El artista es para el ruso no un superhombre, sino un hombre de entre los hombres, «un hombre en todo seme-

---

1. KANDISKY, W., *De lo espiritual en el arte*, Barral editores, Barcelona, 1973, pp. 25-26.

2. NORBERT M. SCHMITZ, *Bauhaus*, ed J. Fiedler, P. Feierabend, 1999, Könemann Verlagsgesellschaft, Colonia, p. 259.

jante a nosotros, pero que lleva dentro una fuerza "visionaria" y "misteriosa". Él ve y enseña. A veces quisiera liberarse de ese don superior que a menudo es una pesada cruz. Pero no puede. Acompañado de burlas y odios, arrastra hacia delante y cuesta arriba el pesado y reacio carro de la Humanidad que se atasca entre las piedras»[3]. Se observa en esta descripción del artista cierta similitud con la que Platón describe al filósofo, cuando en la *República*, explica la salida del filósofo de la caverna, una salida cuesta arriba, que cuesta, y una vez lograda se ciega ante la luz, ante la verdad que descubre. La misión del filósofo es volver para explicar a los que se han quedado dentro de la cueva que el mundo no se reduce a lo que ellos ven, a las sombras proyectadas, sino que es mucho más. La acogida del filósofo por parte de los esclavos de las sombras, por los que no son libres, es nula, incluso está llena de sorna y burla, tal como a veces se le mira al artista.

Arte y filosofía van de la mano. Quizá el descubrimiento de ambas disciplinas es el mismo: una verdad que *se ve y se debe enseñar*. Por eso decía Tomás de Aquino que arte y filosofía tienen que ver en que ambas versan sobre lo maravilloso. Y, lo maravilloso trasciende las sombras. Lo maravilloso es luz que disipa las tinieblas. Lo maravilloso es ese ámbito de lo espiritual que tanto la filosofía como el arte quieren rescatar. Atisbar el ámbito de lo maravilloso es asombrarse, esto es, darse cuenta de que el tiempo no tiene la última palabra. No barruntar lo maravilloso, es decir, una existencia sin asombro es una vida estática y plomiza, «sin el asombro el hombre caería en la repetitividad y, poco a poco, sería incapaz de vivir una existencia verdaderamente personal»[4].

Tanto el artista como el filósofo son servidores del hombre. La modernidad no ha entendido el oficio propio del artista y el

---

3. KANDISKY, W., *De lo espiritual en el arte,* p. 26.
4. JUAN PABLO II, *Fides et ratio,* n. 3.

filósofo, pues para la Modernidad, «el mundo deja de ser creación y se convierte en "naturaleza"; la obra humana no es ya servicio exigido por la obediencia a Dios, sino "creación"; el hombre, antes adorador y servidor, se convierte en creador»[5].

Ser servidores de los hombres significa volver a la caverna, para convencer a los demás que las sombras son sombras, que remiten a algo que no son ellas mismas. Así, la misión del artista y del filósofo es *volver*.

2. La vuelta a casa del artista y del filósofo

No estoy de acuerdo en la superioridad del artista respecto del filósofo como parece a Pedro Antonio Urbina: «El artista como hombre es más completo que el filósofo. El filósofo se aquieta – termina– con la contemplación de la verdad hallada. Si hace algo, ya es más que filósofo.

» El artista contempla y hace a un tiempo. Su contemplación es activa y su acción es contemplativa. Es un inteligente activo. El filósofo es sólo inteligente; cuando hace algo más, es más que filósofo. El filósofo es lento: razona. El artista ve»[6].

¿Desde cuándo se le ha negado al filósofo la capacidad de ver o de adelantarse a los tiempos? Justamente desde Platón conocemos la tesis de que el filósofo ve y enseña. El filósofo descubre la verdad con sufrimiento y la enseña con no menos sufrimiento. Nos lo cuenta el mismo Platón en el archiconocido pasaje de la alegoría de la caverna que escribe al inicio del libro VII de *Repú-*

---

5. GUARDINI, R., *El ocaso de la Edad Moderna*, ed. Guadarrama, Madrid 1958, p. 65.

6. URBINA, P. A., *Filocalía o Amor a la belleza*, Rialp, Madrid 1988, pp. 27-28.

blica: «Examina ahora el caso de una liberación de sus cadenas y de una curación de sus ignorancia, que pasaría si naturalmente les ocurriese esto: que uno de ellos fuera liberado y forzado a levantarse de repente, volver el cuello y marchar mirando a la luz y, al hacer todo esto, sufriera y a causa del encandilamiento fuera incapaz de percibir aquellas cosas cuyas sombras había visto antes. ¿Qué piensas que respondería si se le dijese que lo que había visto antes eran fruslerías y que ahora, en cambio, está más próximo a lo real, vuelto hacia cosas más reales y que mira correctamente?».

Volver, decíamos, es la misión del artista y también del filósofo. Una vez visto, es decir, una vez inspirado, tiene que ir al taller y trabajar duro para enseñar, *mostrar* al espectador lo que han visto. Enseñar implica cierta condescendencia, es, en cierto modo, un bajar para volver a subir después, pero ya no solos. Por eso, el arte, al igual que el lenguaje, existe porque existen los otros. Esto que nos puede parecer tan fácil de ver es para el ateo un misterio, de ahí que Nietzsche se torture preguntándose: «¿Cómo puedo existir si Dios existe?».

La actitud contemplativa del artista y del filósofo es necesaria, pero no es suficiente. Después de la teoría, de la *theoria* (que tiene que ver con ese estar cerca de la divinidad, de *Theos*), conviene volver a lo que es nuestra condición: la humanidad. El artista y el filósofo se deben a la humanidad, son siervos de los hombres, pero a la vez, con ello, se ganan el mérito hacia la divinidad. El artista y el filósofo tienen por meta acercar al hombre a la verdad. Y esto lo hacen con su ciencia, con sus obras de arte y con sus enseñanzas. De hecho, el arte se define no por las obras sino por aquello que trasmite, «el arte es la transmisión misma»[7].

---

7. Borobio, L., *El arte, expresión vital*, EUNSA, Pamplona 1988, p. 41.

Artista y filósofo deben *volver*. Y lo hacen con el *hábito artístico* que significa saber hacer[8] (realizar la obra de arte y enseñar, ambos modos son un mostrar, y, por tanto, ambos son pedagogos). Si la misión del filósofo y del artista es la de *volver* es porque ambos *han ido*. La pregunta se nos presenta obvia, y la respuesta es el *ubi* de la inspiración.

3. Sobre la originalidad del artista y del filósofo

La inspiración es un estado puntual de gracia necesario. Sin inspiración no cabe condescendencia. Sólo cabe bajar y condescenderse si se está arriba. Por eso, la inspiración es una elevación del alma, es la montaña en la que Nietzsche está, solo que allí el frío y la soledad le hacen tiritar. Este frío y ese estar sólo hay que experimentarlo como una necesidad de los demás. De aquí nace el carácter social del arte y de la filosofía. La soledad de la elevación provoca un vértigo que el hombre no puede soportar, salvo la excepción del superhombre que en el momento de soportar la soledad ya deja de ser hombre, de ahí que el planteamiento nietzscheano es, en gran parte, un sinsentido, pues la soledad se puede barruntar e incluso experimentar, pero lo que no se puede, si se es realmente humano, es vivir con ella. En cierto modo, la propuesta nietzscheana supera toda realización, porque en el fondo es la propuesta de dejar de ser humanos. Pero este antihumanismo, que aboca en el nihilismo, es a la vez y sorprendentemente lo que ha convertido a Nietzsche en una referencia en el ámbito de las humanidades, y no sólo a Nietzsche, también Sartre está en esa

---

8. ALVIRA, R, *Dimensión filosófica de las artes*, en «Las artes y sus modos» (ed: Kurt Spang), Actas del Coloquio Internacional «Las artes y los modos», EUNSA, Pamplona 2002, p. 19.

brecha oscura. Sin embargo, ¿cómo poner como estandarte del humanismo a Sartre quien dijo que el hombre es una pasión inútil o que el infierno son los demás? Hay que volver, de ahí el carácter temporal de la inspiración. No cabe una vida en continua inspiración (sí, por el contrario, cabe la posibilidad de vivir en continua contemplación), aunque es necesario buscar sus momentos y ponerse en disposición. El artista ha de volver, porque el rapto que provoca la inspiración tiene su tiempo, y el artista ha de poner en el tiempo, en el mundo, lo *visto* fuera de él.

La inspiración busca la gracia, *un no sé qué* que ya el místico español dejó grabada en su famoso *Canto espiritual*. Tal gracia se busca, pero la iniciativa siempre es suya. La gracia se da, aunque conviene predisponerse a ella. Un modo de predisponerse a ella es el recogimiento o el silencio Creador, que nos recuerda a la «*sonoridad interna*» de la que nos hablaba Kandinsky. En el silencio, en el aunarse del alma aparece lo novedoso, que no es novedoso del todo, sino más bien original. La diferencia entre lo novedoso y lo original es radical. «La originalidad es la antítesis de la novedad. La etimología de la palabra nos alerta. Nos habla de «comienzo» y de «instauración», de una vuelta, en sustancia y forma, a los inicios. Las invenciones estéticas son «arcaicas» en exacta relación con su originalidad, con su fuerza de innovación espiritual-formal. Llevan en ellas el pulso de la fuente lejana»[10]. Lo original siempre remite a un origen, a algo ya existente; lo novedoso es lo

---

9. Dejo aquí tan sólo esbozado que lo dicho hasta ahora también sirve para la esfera del bien, y, por tanto, para el alma religiosa. Con ello se hace más patente que el artista y el filósofo son completados en tríada por el religioso, de modo que ya los clásicos trascendentales de la verdad, belleza y bien cierran con sus portadores.

10. STEINER, G., *Presencias reales. ¿Hay algo en lo que decimos?*, Destino, Barcelona 2007, p. 39.

radicalmente nuevo, lo que en su origen carece de origen. De ahí, que ningún artista o filósofo pueden hacer, decir o descubrir cosas «nuevas». Lo nuevo es propio de la divinidad, y ella es dadora de gracia. De ahí que lo nuevo sea una vida *graciosa*, y ésta siempre es provocada o iniciada por la divinidad.

Lo que al artista y al filósofo les queda es el recrearse en originales, mas nunca en lo novedoso[11], pues carece de dominio sobre ello. El artista es original como el filósofo. Es más, su quehacer es llevar a los demás al origen[12].

Para Nietzsche el superhombre está continuamente creando con su hacer, con su voluntad de poder. Para un ateo como Nietzsche cabe hablar de lo *nuevo* en referencia al hombre. En concreto, para Nietzsche, «el niño es inocencia y un *nuevo* comienzo, un juego, una rueda que se mueve por sí misma, un primer movimiento, un santo decir sí»[13]. Como a Dios siempre se le ha atribuido el papel de creador, y según Nietzsche, nunca existió, ahora el auténtico creador es quien afirma su muerte, ése es el que puede crear y ponerse, por tanto, a la altura de Dios, al modo de un *superhombre*. La tarea del superhombre consiste en crear, y ese poder sólo les compete a los artistas. El artista es el superhombre, una especie de niño –«La imagen del niño que juega es la del superhombre. Desde la vida como tendencia (imagen del camello) al superhombre (imagen del niño). El salto consiste en aceptarse a sí mismo como tendencia. La voluntad, al querer el necesitar lo asume como puro tender; entonces se puede decir que se está en

---

11. Estrictamente hablando la novedad es exclusiva de la creación y de cada nacimiento de una persona, o sea, de cada *criatura*.

12. En este sentido, se ve mejor aquí el papel del alma religiosa, cuya misión es salvar su vida y la de los demás, esto es, de llevar almas a Dios.

13. NIETZSCHE, *Así habló Zaratustra*, Alianza, Madrid 1972, p. 51. La cursiva es mía.

la necesidad prescindiendo de lo necesario»[14]−, donde la inocencia y el olvido acontecen para siempre. Inocencia porque en él es imposible que caiga la culpa de nada, no se le puede imputar nada; olvido, porque los antiguos valores ya no tienen alcance, y, por tanto, hay que empezar de nuevo sin contar con la tradición, hay que crear.

El artista, el músico, lo que hace es fundamentalmente crear, jugar. Pero un juego que consiste en ganar siempre, porque las normas las pone no el juego mismo, sino el que juega, el creador, su *voluntad curvada* hacia sí mismo porque juega sólo, pues ¿quién jugaría contra alguien que impone sus propias normas? Esta es la aspereza del superhombre: la soledad. «Ya arriba, me encuentro siempre solo. Nadie me habla. El frío de la soledad me hace tiritar», nos dice en *Así habló Zaratustra*. Está en la esencia del juego −del mal juego, el juego desordenado− el des-decir, el vedar el *logos*, el quitar todo lo relativo a las normas. Y quien más juega es el niño, donde el *logos* todavía no se ha actualizado. Por eso el niño juega, canta, pero con una música siempre fuera de toda norma, fuera de toda letra, fuera de toda composición. El niño canturrea, canta alocadamente, «crea» porque no acepta el mundo, sino su mundo. Propiamente hablando no habría mundo en el niño, sino peri-mundo, no *welt*, sino *unwelt*. Esta *noche del mundo* también la trató Heidegger en su *Wozu Dichter?*[15].

---

14. Labrada, M. A., *Estética*, EUNSA, Pamplona, 1998, p. 120.
15. «La noche del mundo extiende sus tinieblas. La época del mundo se caracteriza por la falta de Dios, por la ausencia de Dios (…). La ausencia de Dios significa que ya no hay ningún Dios que, visible y claramente, reúna a los hombres y las cosas y que, desde esta reunión, disponga la historia del mundo y la permanencia de los hombres en ella». Heidegger, M., *Wozu Dichter?*, en Holzwege, p. 269.

4. El peligro del artista ateo: el narcisismo blasfemo

El ateo, cuyo trabajo principal y hercúleo ha sido el de vaciar el cielo, tiene que dar un *nuevo* sentido a la tierra, y este dar sentido a la tierra no es un trabajo menos hercúleo que el de vaciar el cielo. Dar sentido a la tierra, a las cosas de aquí abajo, a lo mundano, es justamente trascender el mundo. De ello es consciente Simone Weil cuando escribe: «En todo lo que suscita en nosotros en sentimiento puro y auténtico de la belleza está realmente la presencia de Dios. Existe casi una especie de encarnación de Dios en el mundo, cuyo signo es la belleza. Lo bello es la prueba experimental de que la encarnación es posible. Por esto todo arte de primer orden, es por su esencia religioso»[16].

Ahora bien, ¿desde qué instancia pretende el ateo dar sentido al mundo si él mismo no puede explicarse sin dejar de ser mundo, sin dejar de ser *dasein*? Aquí comparece la contradicción más brutal en la que el ateo permanece y se estremece. Pero hay para el ateo una aparente salida: el hombre capaz de crear es el superhombre, es Dios. La instancia sobre la que otorga sentido a la tierra es una voluntad creadora. El santo des-decir del artista ateo, del niño, cuya razón sólo puede dormir, es un puro juego, algo totalmente re-creativo. Esta ha sido la actitud de filósofos como Nietzsche y Heidegger, donde el tiempo ya no es aviso sino recreo.

Visto así al artista ateo podemos decir que no crea, sino que re-crea, y aún más, *se recrea*. El recreo es el *ubi* del ateo. No cabe inspiración, no cabe estado puntual de gracia en el ateo, pues ello supondría aceptar la existencia del otro, y del Otro. La inspiración artística que desde el helenismo se ha visto siempre como un fe-

---

16. WEIL, Simone, *El conocimiento sobrenatural*, Trotta, Madrid 2003, p. 27.

nómeno asociado a los dioses contradice por completo al hombre ateo. El ateo permanece constantemente en las inmediaciones del tiempo, por eso su puesto propio es la angustia. Desde ella intenta explicar su existencia. No es capaz de asombrarse, es decir, es incapaz de hacerse cargo de que existe el ámbito de lo eterno, a no ser que se asombre de sí mismo, como le pasó a Narciso. El ateo es narcisista por definición. En él no tiene cabida los otros, le gusta la soledad y se recrea en ella, aunque sea muy doloroso. Narciso no necesita el arte, porque si el arte existe porque existe el otro, para el narcisista el arte es una contradicción. «El rapto de Narciso es, tautológicamente, el del suicidio. Y Narciso no necesita arte. En él, el enunciado, el recurso a lo fantástico o la creación de una imagen se mueven a sus anchas, con fatales consecuencias, en el yo cerrado»[17].

El yo cerrado del ateo es incapaz de abrir las puertas al misterio de la otredad. Al artista ateo también le sucede otro tanto, «el embarazo que sentimos al dar testimonio de lo poético, de la entrada a nuestras vidas del misterio de la otredad en el arte y en la música, es metafísico-religioso»[18]. Frente al yo cerrado del ateo, la belleza auténtica provoca una apertura del corazón del hombre, una apertura que le haga ir hacia el otro, y por qué no hacia el Otro. «La belleza auténtica, en cambio, abre el corazón humano a la nostalgia, al deseo profundo de conocer, de amar, de ir hacia el Otro, hacia el más allá. Si aceptamos que la belleza nos toque íntimamente, nos hiera, nos abra los ojos, redescubrimos la alegría de la visión, de la capacidad de captar el sentido profundo de nuestra existencia, el Misterio del que formamos parte y que

17. STEINER, G., *Presencias reales*, o.c., p. 158.
18. Ibíd., p. 201.

nos puede dar la plenitud, la felicidad, la pasión del compromiso diario»[19].

Puede suceder que para el artista ateo el misterio sea una sombra. Sin embargo, es justamente lo contrario: el misterio es siempre luminoso. «A fin de cuentas, es lo más real y, por tanto, lo menos misterioso. El misterio nos habla –en voz baja, como en un leve susurro, por lo que hay que estar con el oído atento– de las cuestiones que más nos importan»[20].

El artista ateo vive a caballo entre la paradoja y la contradicción, pero, sobre todo, recae más en la segunda. Así, la concepción que tenía Picasso sobre Dios era la de un rival por eso dijo en cierta ocasión «En realidad, Dios no es más que otro artista». Ahora bien, ¿a qué puerto llegan los enemigos de Dios? Quizá no se cercioró el pintor de que ser enemigo de Dios es ser menos que nada. Aquí la paradoja y la contradicción se ven las caras. De ahí que el artista ateo cree su dios, o mejor, crea a dios en sus obras como autor, como le sucede a Matisse y nos cuenta Steiner: «Tras finalizar sus pinturas en la Capilla del Rosario, en Vence, Matisse afirmó: "Las he hecho para mí. ¿No había dicho que las hacía para Dios?", objetó una monja llamada Jacques-Marie. "Sí, pero yo soy Dios", contestó Matisse»[21]. La arrogancia del artista ateo suele desembocar en la blasfemia, pero una blasfemia con un tinte cómico, ridículo que es propio del narcisismo.

19. Benedicto XVI, *Encuentro con los artistas en la Capilla Sextina*, 21 de noviembre de 2009.

20. Pirfano, Í., *Ebrietas. El poder de la belleza*, Encuentro, Madrid, 2012, p. 46.

21. Steiner, G., *Presencias reales, o.c.*, p. 234.

5. Fe en la Belleza

El ateo se consume en su desesperanza. El hombre de fe se llena de esperanza. Biyng-Chul Han, quien ha hablado en muchas de sus obras de la esperanza, parafraseando a Moltmann, sostiene que «la esperanza cristiana no conduce a una pasividad inactiva, sino que más bien incita a la acción, estimulando la fantasía de la acción y despertando la capacidad inventiva (...) en el salir de lo antiguo e instalarse en lo nuevo. No huye del mundo, sino que anhela el futuro, es portadora de futuro. Su esencia no es la retirada quietista, sino el *cor inquietum*, el corazón intranquilo. La esperanza aguijonea el espíritu de la revolución»[22].

La desesperanza instalada en el corazón del artista ateo es connatural al estilo de vida escogido. Pero siempre hay una salida, incluso para la situación en la que se mueve hoy día el artista que no cree en Dios: creer en la belleza. «Este mundo en que vivimos tiene necesidad de la belleza para no caer en la desesperación. La belleza, como la verdad, pone alegría en el corazón de los hombres y es un fruto precioso que resiste al desgaste del tiempo, que une a las generaciones y las hace comunicarse en la admiración»[23]. Se trata de rescatar, con la belleza misma, algo que es espiritual, algo que supera al materialismo denunciado por Kandinsky, donde el artista pierde su alma porque «busca su contenido en la "dura materia", ya que no conoce la exquisita. Los objetos, cuya reproducción cree su única meta, permanecen inmutables. El "qué" del arte desaparece "*eo ipso*". La única pregunta que interesa es la de "cómo" se representa determinado objeto en relación con el artis-

22. Byung-Chul, Han, *La tonalidad del pensamiento*, Paidós 2024, pp. 128-132.
23. Mensaje a los artistas, 8 de diciembre de 1965, AAS 54 1966, 13. Cf., Juan Pablo II, *Carta a los artistas*, ediciones Altair, Sevilla 2000, p. 48.

ta. El arte pierde el alma»[24]. Y ese algo espiritual es precisamente aquello de lo que el ateo carece, a saber: enterrar la soledad y
abrirse a la admiración. Estas dos actitudes, que requieren cierta
humildad, son las actitudes que el artista debe recuperar. De esta
manera, la redención del ateísmo moderno viene en gran medida
por la belleza, cosa que profetizó Dostoievski con su sentencia: *la
belleza salvará el mundo*[25]. Porque, a fin de cuentas y siguiendo con
Dostoievski, «la humanidad puede vivir sin la ciencia, puede vivir
sin pan, pero nunca podrá vivir sin la belleza, porque ya no habría
motivo para estar en el mundo. Todo el secreto está aquí, toda la
historia está aquí».

---

24. KANDINSKY, W., *De lo espiritual en el arte*, o.c., pp. 30-31.
25. Cfr., DOSTOIEVSKI, F. M., *El idiota* (2 vol.), Alianza editorial, Madrid,
1999.

Capítulo IV

Verticalidad de la palabra

1. La rebeldía del hombre: volver

En los capítulos anteriores hemos reflexionado especialmente sobre la relación existente entre filosofía y arte, esto es, las esferas de la verdad y la belleza. También hemos hecho referencia al bien, inseparable de estas dos esferas. Y éstas, junto a la noción de ser (donde también comparecen los trascendentales antropológicos, a saber: la libertad, el intelecto, la co-existencia y el amar personal), completan la complejidad del ser humano, porque si hay algo complejo en el universo eso es el hombre. Dios, por el contrario, es pura simplicidad. Somos complicados porque no somos idénticos a nosotros mismos: somos buscadores de prototipos, de valores – como diría con agudeza Scheler– que encontramos encarnados en personas, a las cuáles queremos imitar, que son modelos. Buscamos imitar, seguir a personas virtuosas, porque es la virtud la que nos hace mejores, no las teorías.

Querría dejar ahora un espacio al ser, el cual fue el gran reclamo de Heidegger a gran parte de la filosofía: el olvido del ser. Bien es cierto que la denuncia heideggeriana nunca fue a más, se limitó simplemente a eso, a ser meramente una denuncia, y con ello, a

generar angustia, porque la queja por la queja suele ser un ejercicio
estéril. Lo propiamente humano, en cambio, es la capacidad de
encontrar soluciones. El hombre resuelve, y también se resuelve a
sí mismo como problema. Heidegger dejó al hombre sumido en su
problematicidad, en una existencia reducida al *factum*.

¿Y qué podríamos aportar sobre el ser? Cuando uno "piensa"
en el ser, en el Ser, en el creador, sólo cabe el agradecimiento. De
ello es consciente Heidegger cuando afirma: «Más instaurador que
el instaurar[1] y más fundador que el fundar, queda el agradecimiento. Lo logrado en el agradecer lo devuelve aquél ante la presencia de lo inaccesible, a lo cual nosotros, –los mortales– desde el
inicio somos apropiados» (*Erhart Kästner zum Gedächnis*). Y para
Heidegger es bien sabido que pensar en cierto modo es agradecer,
El *Denken* (pensar) se convierte *Danken* (agradecer).

Justamente Heidegger, que hace verdaderos esfuerzos en desvelar el ser, es precisamente quien más lo oculta, porque concibe el
ser como abismo, como algo carente de fundamento, es algo que
nos da vértigo. De ahí a la deconstrucción hay muy pocos pasos.

Está claro que tanto Nietzsche como Heidegger han sido los
precursores de la posmodernidad. Nietzsche ha anunciado con todas sus fuerzas la muerte de Dios, instalando la sospecha en el
corazón del hombre. El ateísmo, decía, será la religión del mañana.

Hay un famoso pasaje en *La gaya ciencia* (lo escribió en 1882)
donde Nietzsche narra lo siguiente:

> ¿No habéis oído hablar de ese loco que encendió un farol en pleno
> día y corrió al mercado gritando sin cesar: "¡Busco a Dios!, ¡Busco
> a Dios!". Como precisamente estaban allí reunidos muchos que no
> creían en dios, sus gritos provocaron enormes risotadas. ¿Es que se

---

1. Hemos de saber que para Heidegger el término *instaurar* lo entiende en
un triple sentido: como regalar, como fundar y como comenzar.

te ha perdido?, decía uno. ¿Se ha perdido como un niño pequeño?, decía otro. ¿O se ha escondido? ¿Tiene miedo de nosotros? ¿Se habrá embarcado? ¿Habrá emigrado? –así gritaban y reían alborozadamente. El loco saltó en medio de ellos y los traspasó con su mirada. "¿Que a dónde se ha ido Dios? –exclamó–, os lo voy a decir. Lo hemos matado: ¡vosotros y yo! Todos somos su asesino. Pero ¿cómo hemos podido hacerlo? ¿Cómo hemos podido bebernos el mar? ¿Quién nos prestó la esponja para borrar el horizonte? ¿Qué hicimos cuando desencadenamos la tierra de su sol? ¿Hacia dónde caminará ahora? ¿Hacia dónde iremos nosotros? ¿Lejos de todos los soles? ¿No nos caemos continuamente? ¿Hacia delante, hacia atrás, hacia los lados, hacia todas partes?

¿Acaso hay todavía un arriba y un abajo? ¿No erramos como a través de una nada infinita? ¿No nos roza el soplo del espacio vacío? ¿No hace más frío? ¿No viene de continuo la noche y cada vez más noche? ¿No tenemos que encender faroles a mediodía? ¿No oímos todavía el ruido de los sepultureros que entierran a Dios? ¿No nos llega todavía ningún olor de la putrefacción divina? ¡También los dioses se pudren! ¡Dios ha muerto! ¡Y nosotros lo hemos matado! ¿Cómo podremos consolarnos, asesinos entre los asesinos? Lo más sagrado y poderoso que poseía hasta ahora el mundo se ha desangrado bajo nuestros cuchillos. ¿Quién nos lavará esa sangre? ¿Con qué agua podremos purificarnos? ¿Qué ritos expiatorios, qué juegos sagrados tendremos que inventar? ¿No es la grandeza de este acto demasiado grande para nosotros? ¿No tendremos que volvernos nosotros mismos dioses para parecer dignos de ella? Nunca hubo un acto tan grande y quien nazca después de nosotros formará parte, por mor de ese acto, de una historia más elevada que todas las historias que hubo nunca hasta ahora". Aquí, el loco se calló y volvió a mirar a su auditorio: también ellos callaban y lo miraban perplejos. Finalmente, arrojó su farol al suelo, de tal modo que se rompió en pedazos y se apagó. "Vengo demasiado pronto –dijo entonces–, todavía no ha llegado mi tiempo. Este enorme suceso todavía está en camino y no ha llegado hasta los oídos de los hombres. El rayo y el trueno necesitan tiempo, la luz de los astros necesita tiempo, los actos necesitan tiempo, incluso después de realizados, a fin de ser vistos y oídos. Este acto está todavía más lejos de ellos que las más lejanas estrellas y, sin embargo son ellos los que lo han cometido". Todavía se cuenta que el loco entró aquel mismo día en varias iglesias y entonó en ellas su *Requiem aeternam deo*. Una vez conducido al exterior e interpelado contestó siempre esta única frase: "¿Pues, qué son ahora ya estas iglesias, más que las tumbas y panteones de Dios?"[2].

Para Nietzsche el ateísmo radical es un punto de partida; y a ese ateísmo está ligado el nihilismo, como consecuencia lógica y radical. Heidegger interpreta, prosigue la frase de Nietzsche *Dios ha muerto*: *¿No es verdad que andamos errantes como a través de un infinita nada?* Dice Heidegger que se preguntaba el loco. Es la noche oscura del mundo, el misterio del sufrimiento del que ya he hablado en las páginas precedentes. «La salvación se retira, el mundo se vuelve impío. Con ello no sólo sigue escondido lo santo, en cuanto indicio de la divinidad, sino que el mismo indicio de lo santo, la salvación, parece extinguido. A no ser que algunos mortales sean capaces de ver la amenaza de la ausencia de salvación como ausencia»[3].

Este es el legado: un mundo sin Dios, un mundo sin alma, muerto, inexpresivo, una palabra que ya no habla, una imagen muerta del verbo. El silencio como muerte del logos. Pero ante este legado la razón del hombre, que sigue siendo hombre, y, por tanto, *capax Dei*, se revela por necesidad. El eterno retorno de lo mismo no puede ser el mundo del hombre de hoy. «El pensamiento del eterno retorno entusiasma y espanta a Nietzsche. No

---

2. NIETZSCHE, F., *La gaya ciencia*, 125.
3. HEIDEGGER, M., *Wozu Dichter?* En Holzwege, p. 295.

se trata, como interpreta Lou, de la idea de revivir eternamente los mismos sufrimientos, sino de perder la razón bajo el signo del círculo vicioso»[4].

La rebeldía del hombre que todavía cree en la metafísica (verdad, bien y belleza), y en la esperanza de una antropología transcendental (el amor, el intelecto, la libertad y la co-existencia), que todavía cree en un arte humanizante es lo que sostiene al mundo, es quizás ese fundamento que ha dinamitado gran parte del pensamiento deconstructivista. Pero todavía debe solidificarse más. Hay que recuperar la auténtica imagen del hombre. Sólo recuperando su verdadera imagen, el hombre se puede redimir[5].

Creer en la metafísica, creer en la razón del hombre, es creer en el hombre mismo, y para el creyente significa creer en el Hombre, es decir, creer en el Logos encarnado. La fe se convierte de este modo en un sujetarse a Dios, pero un Dios que es Logos, y un logos que se ha encarnado, un logos del cual podemos hacernos una idea, porque tenemos una imagen de él, un icono suyo. «La fe se describe pues, como un agarrarse firmemente, como un permanecer en pie confiadamente sobre el suelo de la palabra de Dios»[6].

De nuevo volvemos a la palabra, pero ya en un sentido vertical, porque es la palabra de ese logos encarnado, es, al fin y al cabo,

4. KLOSSOWSKI, P., *Nietzsche et le cercle vicieux*, París 1969, p. 146.
5. Teológicamente hablando está claro que esa imagen que es a la vez verbo es Cristo, único redentor de la imagen del propio ser humano, una imagen que la desobediencia había dinamitado por completo. Pero no es Dios el salvador, es el hombre perfecto, que es Dios, quien ha redimido al hombre. Es Jesucristo, verdadero logos y verdadera imagen del Padre quien redime, no podía ser de otra manera: Un Dios que es también hombre. Sólo así la alianza entre el Creador y las criaturas se vuelve alianza factible siempre, realizable en todo hombre, en todo tiempo.
6. RATZINGER, J., *Introducción al cristianismo*, Ediciones Sígueme, Salamanca, 2007, p. 63.

la palabra de Dios. Justamente, ha habido algún filósofo[7] que ha definido la belleza como la capacidad de convocar. En este sentido el cristiano entiende que lo que nos une es la palabra de Dios, lo que nos convoca en asamblea, en Iglesia es la escucha de la palabra de Dios, de la belleza del Verbo. Es en la liturgia donde realmente se encuentra la verdadera belleza.

Y es que el hombre sin Dios... llega a lo que alcanzó Nietzsche, o sea, al nihilismo. Por eso, cuando Nietzsche se pregunta por la verdad de la vida, responde que ésta es un absurdo, un sinsentido. Pero no es un puerto humano ni agradable, ni sencillamente verdadero, porque sólo Dios es la verdad. El ateísmo rechaza esta sentencia porque, en el fondo, la fe del ateo es la fe en el propio sujeto, pero no reconoce que el sujeto es criatura, no reconoce que el hombre «no se da a sí mismo al hombre». El ateo llega al hombre sin Dios, al logos desprovisto de fundamento, lo que conduce a la paradoja de una razón sin sustento, una razón que no puede dar razón de sí misma. Se trata de una razón irracional, ya que, en última instancia, no admite un *suppositum* ni abre las puertas a la fe, que es «la forma de situarse firmemente del hombre ante toda la realidad, forma que no se reduce a saber ni que el saber puede medir; es la orientación sin la que el hombre sería un apátrida, la orientación que precede a todo cálculo y a toda acción humana, y sin la que sería imposible calcular y actuar, porque eso sólo puede hacerlo en virtud de un sentido que lo sostiene»[8]. Y sin Dios, efectivamente, no puede hablarse de verdad. Como apunta Spaemann: «si no hay Dios tampoco hay mundo real, sino sólo las perspectivas de cada individuo. Bajo tales condiciones, desde luego, no puede

---

7. Cfr., POLO, L., *La persona humana y su crecimiento*, EUNSA, p. 75.
8. RATZINGER, J., *Introducción al cristianismo*, ob., cit., p. 66.

hablarse ya de verdad»[9]. De ahí, que, en definitiva, el ateo no acepte leyes ni reglas. Pero ahí ya hay una contradicción: pues no tener reglas es, de alguna manera, imponer la primera regla. Por eso, el filósofo debe saber que lo más importante de la filosofía está en su raíz, en su propia etimología: *filo-sophia*, amor a la sabiduría, a la verdad. Ahí está la salvación de todo hombre que vive su humanidad y que no ha cerrado las puertas a lo razonable, justamente porque sabe que la razón no es lo más alto del hombre, es el amor. Nietzsche no supo amar la verdad, entre otras cosas jamás la conoció, la tuvo que crear. Por eso llegó a decir lo siguiente: «¿Qué es la verdad? Un ejército móvil de metáforas, metonimias, antropomorfismos, –brevemente, una suma de relaciones humanas, potenciadas poética y retóricamente (...) y que tras un largo uso parecen a un pueblo sólidas, canónicas, vinculantes: las verdades son ilusiones de las que se ha olvidado lo que son: metáforas»[10]. Nietzsche reduce la verdad a metáfora, el logos a imagen. Pero esa identidad sólo se da en la persona de Cristo, verdadero icono y verdadera palabra –realidad que el propio Nietzsche descubrió, pero nunca reconoció. De ahí que, en los últimos momentos de su vida –dentro de su locura que lo atrapó durante once años–, tuviera alguna luz y algunos momentos de cordura. Llegó a insinuar que el dios que él, como superhombre, había matado y al mismo tiempo creado, empezaba a desaparecer sobre la faz de la tierra. Sin embargo, se daba cuenta de que el Dios que afirmaba haber matado seguía vivo, y esa contradicción le enloquecía aún más.

9. Spaemann, R., *Lo que el hombre piensa de sí mismo depende de que exista Dios o no*. Entrevista a Robert Spaemann, Nuestro Tiempo, N.º 613-614 (julio-agosto 2005), p. 33.

10. Nietzsche, F., *Über Wanrheit und Lüge im aussermoralischen Sinne*, Kritische Gesamtausgabe, 1973, Bd. III/2, pp. 374-375.

Con todo, la verdad se reduciría a un *factum*, a hechos. Y esto es, a mi juicio, lo que señala el comienzo del espíritu del ateo, o digámoslo así, del espíritu moderno, pero que ya Giambattista Vico (1688-1744) atisbó y formuló con la desgarradora sentencia: *verum quia factum*, donde se sigue que la verdad se reduce al ámbito de la cultura[11].

Si todo se reduce a cultura, no hay lugar para la trascendencia, porque la cultura es todo aquello que el hombre hace, como ya vimos en el primer capítulo.

Pero la cultura es algo manifestativo, es secundario, no es algo originario. La cultura es lo último que dejamos, lo más alejado al ámbito de lo *originario*. Es la fe la que crea cultura; sin fe, no hay cultura. Una cultura sin fe, sin Dios, es una cultura de la muerte, aunque prefiero llamarla *anticultura*. Tener fe es afirmar, decir sí. No tenerla es desdecir, quitar el logos, quitar el sentido y crear una nueva vida, una vida sin sentido. Pero la pregunta es: ¿vale la pena una vida así? ¿Merece la pena vivir sin Dios? ¿Por qué ese empeño de negar la trascendencia? ¿Por qué ese empeño en la angustia de una existencia tal? Ante estas preguntas, el ateo ya prefiere no pensar y... *vivir,* pero vivir sin pensar no es lo más propio del ser humano. Esta es la raíz del antihumanismo ateo.

Tener fe es decir Amén. Decir Amén es aceptar. Aceptar es reconocer. ¿Pero qué es lo que hay que reconocer? Que la vida es un regalo, que somos criaturas, que existe un Dios al cual le debemos todo. «Amén expresa a su manera lo que significa creer: permanecer firme y confiadamente en el fundamento que nos sostiene, no porque yo lo haya hecho ni puedo examinarlo. Expresa la entrega de sí mismo a lo que nosotros no podemos ni tenemos que hacer,

---

11. «A mi juicio, esta fórmula señala el final de la vieja metafísica y el comienzo del auténtico y peculiar espíritu moderno». Cfr., RATZINGER, J., *Introducción al cristianismo*, ob., cit., pp. 55 y ss.

la entrega de sí mismo al fundamento del mundo como sentido que me ofrece antes que nada la libertad de hacer»[12]. El arte nos ayuda, nos enseña a reconocer. «La sensación que nos procura la experiencia estética es la del regreso a un hogar largamente añorado»[13]. La vuelta, he aquí la clave[14].

2. El caracol, imagen del hombre postmoderno

En esta tesitura, nos podríamos preguntar ahora: ¿cuál es la imagen que tiene el hombre de hoy de sí mismo? El hombre de hoy, desgarrado de su propia raíz, de su propio origen (Dios Padre), debe tener una imagen bastante pobre de sí mismo, porque a fin de cuentas ¿quién es el hombre sin Dios?[15] Es un hombre que no puede *volver* porque ha renunciado a un hogar, ha renunciado a un destino, ha renunciado a un origen (reconocimiento de su ser creatura) y, por tanto, también ha renunciado a *regresar*.

El término *regresar* supone siempre un punto de partida. Si no se acepta la creación, nunca se puede *regresar*, y sin regreso,

12. Ibíd., p. 68.

13. PIRFANO, Í., *Ebrietas. El poder de la belleza*, ob., cit., p. 111.

14. No en vano, Ratzinger narra una experiencia muy profunda que tiene mucha relación con lo que venimos hablando, con lo que puede llegar a suscitar una experiencia estética en el alma de una persona: «Para mí es inolvidable el concierto de Bach que Leonard Bernstein dirigió en Múnich, tras la repentina muerte de Karl Richter. Yo estaba sentado al lado del obispo luterano Hanselmann. Cuando la última nota de una de las grandes cantatas del gran cantor de la Iglesia de santo Tomás en Leipzig se extinguió triunfalmente, nos miramos de modo espontáneo y nos dijimos con gran sencillez unos a otros: el que ha escuchado esto sabe que la fe es verdad». RATZINGER, J., Caminos hacia Jesucristo, Cristiandad, Madrid 2004, p. 38.

15. Leonardo Polo, hace ver esta necesidad del hombre originado respecto al Origen en *La persona humana como relación en el orden del Origen*, Cfr., *Studia poliana*, n.º 14, 2012, pp: 21-36.

no se puede reconocer. Sin reconocimiento es imposible saber de uno mismo, y por lo tanto es imposible la humildad. Sin ella, la verdad se desvanece, y es entonces cuando hay que inventarla. «(…) Sucede con frecuencia que muchas personas, incapaces de reconocer –en el sentido de *déjà-vu*– el fulgor de lo bello y de lo bueno como algo familiar e interpelante, son *seducidos* por lo miserable y lo falaz. Realidades mezquinas como la provocación de algunos movimientos supuestamente artísticos o el discurso fragmentario de la posmodernidad y el deconstructivismo; el *pensiero debole* –o mejor, el *non-pensiero*, realidades que han hecho proliferar con enorme fuerza las espiritualidades de inspiración zen–, continúan provocando fascinación en el observador sin formación y en el manipulador de conciencias. Estos constructos y deyecciones –a veces literales–pueden poseer un cierto *valor*; en ocasiones incluso resultan terriblemente seductoras. El caos, el mal, lo grotesco, lo miserable, lo devastador hacen *presente* la *ausencia* de lo bueno, bello y grande. Vistos así resultan fascinantes. Además, lo perverso se aprovecha de su poder embriagador, y –aquí está el engaño– se traviste con las prendas de lo creativo y de lo fértil, arrastrando tras de sí –como el cuento de Hamelín– a un ejércitos de autómatas en su periplo errático. Es más fácil –y puede resultar mucho más *seductor*– destruir un edificio que construirlo»[16].

Guardini sale al paso ante este interrogante (¿quién es el hombre sin Dios?) respondiendo con estas luminosas palabras: «Nadie que tenga conciencia de su condición de hombre, dirá hoy que se encuentra a sí mismo en la imagen del hombre que ofrece la antropología de la Edad Moderna. (…) Lo único que encuentra siempre es algunos de sus aspectos en forma aislada: cualidad, relaciones,

---

16. Pirfano, Í., *Ebrietas. El poder de la belleza*, p. 39.

estructuras; jamás se encuentra a sí mismo en forma absoluta. Se habla del hombre, pero en realidad, no se le ve»[17]. Qué distinto para el hombre moderno si fuera capaz de decir *Amén*. Pero, justamente en este decir o no decir *Amén*, se pone en juego la libertad más radical. Decir *Amén* es, en el fondo, ser responsable de nuestra propia libertad. El hombre postmoderno no es capaz de decir Amén. No es capaz de reconocer. Sólo se apropia, y se apropia de sí, por tanto no puede dar. Se cierra como el caracol[18], condenado a llevar su casa sobre sí, a llevar su propiedad consigo sin poder ni querer compartirla..., se tortura y, además, no puede mirar el cielo estrellado. Se encuentra en un hogar no originario, lejano, extraño, donde, paradójicamente, todo es autorreferencial, donde todo gira en torno a uno mismo. Es el lugar del *ensimismamiento*, donde no cabe el *entusiasmo*, el lugar del vértigo, del terrible silencio, lo más parecido al infierno. En el entusiasmo siempre hay un tú, algo que nos ayuda a salir. El entusiasmo es la clave para entendernos como excéntricos. El ensimismamiento es la condena de entenderse como centro, como único.

El infierno es el lugar donde no está el padre. Por eso, se puede decir que el infierno es el sitio de los que no se reconocen como hijos. «El poeta antes que nada y ante todo, es hijo. Hijo de un padre que no siempre se manifiesta. Lo hemos definido como amante, anteriormente, pero la verdad es que antes que amante es hijo, o más verdad todavía: es el hijo amante, el amante que une en su ilimitado amor el amor filial con el enamoramiento. Filial, porque se

17. Guardini, R., *El ocaso de la Edad Moderna*, Guadarrama, 1958, p. 110.
18. Es importante la etimología. *Caracol* viene de *cochlea*, lat., y de κοχλίας, es decir, concha, espiral, vuelta a uno mismo. En el fondo el vocablo nos remite, nos habla de un mundo del que es difícil salir.

dirige a sus orígenes, porque todo lo espera de ellos y por nada está dispuesto a desprenderse de lo que le engendrara. Y enamorado, porque está absorto en ello con las misma exigencias, las mismas locuras y desvaríos del amor de los amantes»[19].

Esta propuesta de la persona como hijo es una alternativa sólida a la cosmovisión del hombre moderno como caracol. El hombre es hijo, tiene origen y tiene destino, puede andar porque hay un camino, y hay un camino porque hay un destino, un sentido, un fin que no es uno mismo, un fin trascendente[20].

Leonardo Polo habla al respecto con estas luminosas palabras: «el hombre siempre es interpelado por la cuestión de su origen, interpelación que le encamina al reconocimiento de su carácter de ser generado, del que no puede hurtarse: no puede soslayarlo o sustituirlo. La identidad personal es, por tanto, indisociable de ese reconocimiento. Sin embargo, uno de los fenómenos más notorios de las ideologías modernas es el no querer ser hijo, el considerar la filiación como una deuda intolerable.

» (…) quien es radicalmente hijo ha de serlo también de manera destinal. Claro es que eso no se puede llevar a cabo aislada o independientemente»[21].

19. ZAMBRANO, M., *Filosofía y poesía*. Fondo de cultura económica, Madrid 2001, p. 107.

20. Cfr., SELLÉS, J. F., *Antropología trascendental y filiación*, Acta philosophica. Revista internazionale di filosofia, vol. 31, n.º 2, Roma 2022, pp. 343-366.

21. POLO, L. *El Hombre como hijo, en* CRUZ, Juan Cruz (ed.) *Metafísica de la familia*. Pamplona: EUNSA, 1995, pp. 317-325.

Epílogo
Necesidad de un viraje existencial

Es curioso cómo generalmente los libros tienen la siguiente estructura: prólogo, logos y epílogo. El logos está presente en toda la estructura como esqueleto. Si hacemos un parangón con la historia del hombre a modo de libro, podríamos decir que ha habido un prólogo, después una historia, un logos y, más tarde, muchos creen que no puede haber epílogo sencillamente porque murió el logos. Sin embargo, hace falta un epílogo porque, restaurado el logos y recuperada la imagen del hombre, el epílogo abre un horizonte, una esperanza.

La rebeldía del hombre que tiene razón y que sabe amar, que es esencialmente un buscador de la verdad, no puede permitir ir en contra de su propia humanidad. El antihumanismo del ateo es un oxímoron, encarna la imagen del caracol. El antihumanismo no puede ser un camino verdadero. Ir contra el hombre no es propio del hombre, aunque pueda hacerlo. De hecho, no pocas veces lo hace. ¿Acaso no es esto un modo de ejercer nuestra libertad? Esto es precisamente lo más hermoso del hombre: su libertad. Y es a la vez lo más decisivo, porque en ella, en su uso, se salva o se pierde. Y esto es lo que nos hace humanos, la sabiduría de usarla en favor del hombre[1].

---

1. Con ello, no quiero decir que la libertad del hombre es redentora. El hombre no puede auto-redimirse. A lo más que puede llegar es a colaborar con

La humanidad pide un sentido, y desde ahí cabe la posibilidad del epílogo. Justamente el epílogo, es decir, la vuelta al logos –un logos renovado, madurado por la experiencia y por la historia personal, que recapitula– es la verdadera libertad del hombre.

No es hora de hacer un epílogo de la historia de la humanidad, ya que podría resultar demasiado pretencioso. Pero sí cabría justificar la necesidad de hacerlo.

A lo largo de estas páginas –si he conseguido explicarme bien–, he procurado debatir la primacía de la palabra sobre la imagen, dejando a propósito una respuesta abierta: ¿*logos versus eikasia*? O sea, ¿palabra frente a imagen?

En una dimensión horizontal, cabría la posibilidad de postular una hegemonía del logos frente a la imagen. Sin embargo, desde una perspectiva vertical, es decir, desde el creyente que se sabe creado a imagen de Dios, la imagen está dentro y actúa en el hombre. Se podría decir que la dignidad del hombre es la imagen de Dios que porta en sí.

Pero entonces, ¿qué sucedería con el logos? En la dimensión vertical el logos se hace muy pequeño. La imagen se agranda, y nos dignifica. Eso ocurre en el hombre creado, en el hombre imperfecto. Pero hay un hombre que no fue creado, que es imagen perfecta de Dios y que a la vez es el Logos encarnado. Sólo en Cristo, el hombre perfecto, logos e imagen se identifican. En el hombre imperfecto, creado, no. Más bien hay conflicto.

La identidad en el hombre se presenta problemática, entre otras cosas porque no puede identificar su imagen con su razón, puesto que están en planos muy distintos. Sólo Dios es idéntico a sí mismo. La acción de Dios es Dios mismo. En Él es idéntico su ser y su obrar. Acto puro es Actividad pura, Amor y solo Amor.

su redención, pero él mismo no se autosalva. Esa colaboración es precisamente la libertad.

Pero el hombre no es Dios por mucho que lo intente. El hombre ama, pero también traiciona, puede odiar... Más que de identidad, habría que hablar de vocación en el hombre imperfecto. Y aquí volvemos de nuevo a la estrecha relación que hay entre el hombre y la belleza. Dijimos que la belleza es la posibilidad de convocar, y ahora decimos que lo importante del hombre es su vocación. El artista lo es por vocación, al igual que el filósofo. «El arte es su vocación. El artista sabe que lo es. No le cabe la menor duda. Ha sido llamado para esa misión. Y el verdadero artista siente la responsabilidad de poner esa fuerza creadora al servicio de los demás hombres. No tiene derecho a adueñarse de un poder que no es suyo; ni mucho menos de ponerlo al servicio de ninguna ideología –sea del color que sea– ni de las veleidades de sus propias patologías. Ese arte, prostituido en su misma esencia, conduce a lo que el retórico Teodoro de Gádara describía precisamente como el falso entusiasmo: arrebato orgiástico que lleva inexorablemente a lo perverso, a lo siniestro, a lo inhumano. Parece que lo que separa lo sublime de lo perverso es una distancia mínima. Es algo que está grabado en la naturaleza humana. La virtud propia y principal del artista debe ser la humildad»[2].

¿A qué está llamado el hombre? ¿Cuál es su vocación? Su vocación consiste justamente en convertirse en la imagen más parecida al hombre perfecto. Eso significa que no hay identidad, sino llamada, destino, vocación, misión, tarea. Estamos llamados a ser perfectos como lo fue el logos encarnado. De hecho, ese fue el motivo de la encarnación: enseñar al hombre quién es el Hombre para imitarle. El motivo de la encarnación era enseñarnos el camino,

---

2. PIRFANO, Í., *Ebrietas. El poder de la belleza*, ob., cit., p. 44. Sobre la necesidad del *entusiasmo*, cfr, JUAN PABLO II, *Carta del Santo Padre a los artistas*, n., 16; ARMENDÁRIZ, D., *La vocación artística al servicio de la belleza*, en *La belleza que salva*, LABRADA M. A. (Ed.), Rialp, Madrid, 2006, pp. 56 y ss.

pero resulta que el camino es persona: método y tema coinciden, se identifican. Como dijo certeramente Henri de Lubac en su *Catolicismo* de 1938: «Cristo revela el hombre al propio hombre». Para recuperar el logos es necesario recuperar la verdadera imagen del hombre. Para ello, insisto, es necesario volver. Pero ¿volver a dónde? Volver significa ir, girar, al origen. Es lo que Heidegger llama el *viraje existencial*: un cambio del ser, una vida nueva. Reconocer que necesitamos la fe, que necesitamos creer. Pero creer justamente en ese logos encarnado, porque sólo él me puede dar la clave, sólo Él tiene la llave de mi propia intimidad. «La fe es un viraje de todo el hombre que estructura permanentemente la existencia posterior (…) mediante una vida nueva, se revela claramente lo que es la fe: conversión, viraje existencial, cambio del ser»[3].

3. RATZINGER, J., *Introducción al cristianismo*, p. 77

Bibliografía

ADORNO, T., *Philosophie der neuen Musik*, Gesammelte Schriften, Frankfurt, vol, 12.

—, *Ässthetische Theorie*, Gesammelte Schriften, Franfurt, vol. 7.

AGUSTÍN, San, *De Trinitate*.

ALVIRA, R., *Filosofía de la vida cotidiana*, Rialp, Madrid, 2001.

—, *Dimensión filosófica de las artes*, en «Las artes y sus modos» (ed: Kurt Spang), Actas del Coloquio Internacional «Las artes y los modos», EUNSA, Pamplona, 2002.

ARMENDÁRIZ, D., *Un modelo para la filosofía desde la música. La interpretación adorniana de la música de Schönberg*, EUNSA, Pamplona, 2003.

—, *La vocación artística al servicio de la belleza*, en *La belleza que salva*, LABRADA, M. A. (Ed), Rialp, Madrid, 2006.

BENEDICTO XVI, *Encuentro con los artistas en la Capilla Sextina*, 21 de noviembre de 2009.

BOROBIO, L., *El arte, expresión vital*, EUNSA, Pamplona, 1988.

BRENTANO, F., *El origen del conocimiento moral*, Tecnos, 2002.

CARDONA, C., *Olvido y memoria del ser*, EUNSA, Pamplona, 1997.

—, Aforismos, Rialp, Madrid, 1999.

CRUZ CRUZ, J., *La realidad musical*, (Ed.), EUNSA, Pamplona, 1998.

DOSTOIEVSKI, F. M., *El idiota*, Alianza editorial, Madrid, 1999.

DUFOURMANTELLE, A., *Elogio del riesgo*, Paradiso editores, México, 2020.

EBNER, F., *Das Wort ist der Weg*, Herder, Viena, 1949.

—, *La Palabra y las realidades espirituales. Fragmentos pneumatológicos*, Caparrós Editores. Colección Esprit. Madrid, 1993.

FAZIO, M., *Desafíos de la cultura contemporánea para la conciencia cristiana*, ed. Promesa, San José, Costa Rica, 2006.

FERRER, U., *¿Qué significa ser persona?* Palabra, Madrid, 2002.

FLORENSKI, P., *Ai miei figli. Memorie di giorni passati*, edición de N. Valentini y L. Žak, A Mondadori, Milano 2003.

FRANCISCO, I, Dilexit nos, Carta Encíclica sobre el amor humano y divino del Corazón de Jesucristo.

FRANKL, V. E. *La idea Psicológica del Hombre*, Rialp, Madrid, 1986.

—, *Der unbewusste Gott*. 1ª. Ed. Viena, 1948.

GUARDINI, R., *El ocaso de la Edad Moderna*, ed. Guadarrama, Madrid, 1958.

GUITTON, J., *Mi testamento filosófico*, Encuentro, Madrid, 1998.

HAN, BYUNG-CHUL, Vita contemplativa: *oder von der Untätigkeit*, Berlin, Ullstein, 2022.

—, *No-cosas. Quiebras del mundo de hoy*. Taurus, Madrid, 2021.

—, *La tonalidad del pensamiento*, Paidós, 2024.

HEIDEGGER, M., *Camino de campo*. Traducción de Carlota Rubies. Herder, 2003.

HILDEBRAND, DIETRICH VON, *La gratitud*, Encuentro, Madrid, 2000.

—, *Actitudes morales fundamentales*, Palabra, Madrid, 2003.

—, *El corazón*, Palabra, Madrid, 1996.

ILLANES, J. L., *De la significación al sentido*, en revista *Scripta Theologica*, vol. 44, n.º 1, 2012.

JUAN PABLO II, *Carta a los artistas*, ediciones Altair, Sevilla, 2000.

—, *Levantaos, vamos.* Plaza Janés, México, 2004.

—, *Fides et ratio*, 14-IX-1998.

—, *Memoria e identidad*, Conversaciones al filo de dos milenios, la esfera de los libros, Madrid, 2005.

KANDISKY, W., *De lo espiritual en el arte*, Barral editores, Barcelona, 1973.

KLOSSOWSKI, P., *Nietzsche et le cercle vicieux*, París, 1969.

LABRADA, M. A., (Ed.), *La belleza que salva*, Rialp, Madrid, 2006.

—, *Estética*, EUNSA, Pamplona, 1998.

LÉVINAS, E, *Totalidad e infinito. Ensayo sobre la exterioridad*, Ediciones Sígueme, Salamanca, 1995.

LOBATO, A., *Ser y belleza*. Hcrdcr, 1964.

LLANO, A., *La vida lograda*, Ariel, Barcelona, 2002.

—, *Naturalismo y trascendentalismo en la teoría kantiana del conocimiento*, en Anuario Filosófico Vol. 37, n.3, Universidad de Navarra, Pamplona, 2004.

LUBAC, HENRI, *Catholicisme: les aspects sociaux du dogme*, Cerf, Paris, 1952. Trad. esp. Catolicismo. Aspectos sociales del dogma, Ediciones Encuentro, Madrid, 1988.

MELENDO, Maite, *La escucha*, Desclée de Brouwer, Bilbao, 2001.

MOUNIER, E., *Mounier en Esprit*, Caparrós editores, Madrid 1997. Traducción de Antonio Ruiz (Nuestro humanismo. Declaración colectiva. Octubre de 1935).

NIETZSCHE, F., *Así habló Zaratustra*, Alianza, Madrid, 1972.

—, *Cinco prólogos sobre cinco libros no escritos (Fün Vorreden zu fün ungeschriebenen Büchern, NW)*, Vol. III/2.

—, *Die fröhliche Wissenschaft*, Kritische Gesamtausgaben, 1973, Bd. VI/1.

—, *obre la música y la palabra*, (1872), traducido por Eduardo Ovejero y Mauri, Aguilar, Buenos Aires, 1951, tomo I.

—, *Brief an Otto Eiser*. *Anfang Januar 1880*, Sämtliche Briefe, Kritische Studienausgabe in 8 Bänden, Hrg von G. Colli und M. Montinari, Dtv, München 1986, Bd. 6: Januar 1880-Dezember 1884.

—, *Ecce Homo. Warun ich ein Schicksal bin*, Kritische Gesamtausgabe, Hrg von G. Colli und M. Montinari, Walter de Gruyter, Berlín 1969, Bd. VI/3.

—, Götzen-Dämmerung, en Nietzsche Werke. Kritische Gesamtausgabe, vol. VI-3, Colli, Giorgio; Montinari, Mazzino (Hrsg), Walter de Gruyter &Co., Berlin, 1969.

—, *Human, All Too Human*, I, trad. R. J. Hollingdale, Cambridge University Press, 1986.

—, *Über Wanrheit und Lüge im aussermoralischen Sinne*, Kritische Gesamtausgabe, 1973, Bd. III/2.

OBERDOFER, A., *Wagner*, Editorial Aster, Lisboa, 1963.

PERLADO, J. J., *El ojo y la palabra*, Eiunsa, Madrid, 2003.

PIEPER, J., *El descubrimiento de la realidad*. Rialp, Madrid, 1974.

PIFARRÉ, Lluís, *Nietzsche como artista*, PPU, Barcelona, 1996.

PIRFANO, Í., *Ebrietas. El poder de la belleza*, Encuentro, Madrid, 2012.

PLATÓN, *Menon*. Gredos. Madrid, 2003.

PLAZAOLA, J., *Introducción a la estética. Historia, teoría y textos*, 3ª edición, Universidad de Deusto, 1999.

POLO, L., *Presente y futuro del hombre*, Rialp, Madrid, 1993.

—, *La persona humana y su crecimiento*, EUNSA, Pamplona, 1996.

—, *Los sentimientos humanos*, RIH, Revista Internacional d'Humanitats, n.º 3, 1998.

—, *La persona humana como relación en el orden del Origen,* Cfr., *Studia poliana*, n.º 14, 2012.

—, *El Hombre como hijo*, en Cruz, J. C. (ed.), *Metafísica de la familia*, EUNSA, Pamplona, 1995.

—, *Epistemología, creación y divinidad*, EUNSA, Pamplona, 2014.

Ramos, A., *Verbo interior y Verbo divino*, en *Verbo de Dios y palabras humanas*, en el XVI centenario de la conversión cristiana de San Agustín. Edición dirigida por Marcelo Merino, EUNSA, Pamplona, 1988.

Ratzinger, J., *Introducción al cristianismo*, Ediciones Sígueme, Salamanca, 2007.

—, *Caminos hacia Jesucristo*, Cristiandad, Madrid, 2004.

Reinach, A., *Introducción a la fenomenología*, Encuentro, Madrid, 1986.

Romera Oñate, L., *Finitud y trascendencia. La existencia humana ante la religión*. Cuadernos de Anuario Filosófico, Serie universitaria, 167, Universidad de Navarra, Pamplona, 2004.

—, *El retorno a la metafísica*, Acta Philosophica, fasc. I, vol. 15, Roma, 2006.

Ruiz Retegui, A., *Pulchrum*, Rialp, Madrid, 1998.

Schmitz, Norbert M., *Bauhaus*, ed J. Fiedler, P. Feierabend, 1999, Könemann Verlagsgesellschaft, Colonia.

Schwarz, B., *Del agradecimiento*, Encuentro, Madrid, 2004.

Sellés, J. F., *La virtud del agradecimiento según Leonardo Polo*, Colloquia, revista de pensamiento y cultura, n.º 7, 2020.

—, *Antropología trascendental y filiación*, Acta philosophica. Revista internazionale di filosofia, vol. 31, n.º 2, Roma, 2022.

Sertillanges, A.-D., *La vida intelectual*, Encuentro, Madrid, 2003.

Spaemann, R., *Lo que el hombre piensa de sí mismo depende de que exista Dios o no*. Entrevista a Robert Spaemann, Nuestro Tiempo, N.º 613-614 (julio-agosto 2005).

Steiner, G., *Presencias reales*, Destino, Barcelona, 2007.

—, *Lecciones de los maestros*, Siruela, Madrid, 2003.

TAYLOR, Ch., *Fuentes del yo*, Paidós, Barcelona, 1996.

URBINA, P. A., *Filocalía o Amor a la belleza*, Rialp, Madrid 1988.

WACKENRODER-Tieck, *Phantasien über die Kunst*, Stuttgart, 1973.

WAGNER, C., *Diario de Cósima Wagner*, Piper Verlag, Munich, 1976.

WAGNER, R., *Dichtungen und Schriften. Jubiläumsausgabe in 10 Bänden*, ed. Dieter Borchmeyer, Frankfurt, 1983, vol. 9.

WEIL, Simone, *El conocimiento sobrenatural*, Trotta, Madrid 2003.

ZAMBRANO, M., *Filosofía y poesía*. Fondo de cultura económica, Madrid, 2001.